汉语常用待嵌格式学习手册

HANYU
CHANGYONG DAIQIAN GESHI
XUEXI SHOUCE

董淑慧○编著

商务印书馆国际有限公司
中国·北京

图书在版编目（CIP）数据

汉语常用待嵌格式学习手册 / 董淑慧编著 . -- 北京 ：商务印书馆国际有限公司，2023.11

ISBN 978-7-5176-1021-2

Ⅰ. ①汉…　Ⅱ. ①董…　Ⅲ. ①汉语—词汇—对外汉语教学—自学参考资料　Ⅳ. ① H195.4

中国国家版本馆 CIP 数据核字（2023）第 203095 号

HANYU CHANGYONG DAIQIAN GESHI XUEXI SHOUCE

汉语常用待嵌格式学习手册

编　　著	董淑慧
出版发行	商务印书馆国际有限公司
地　　址	北京市朝阳区吉庆里 14 号楼 佳汇国际中心 A 座 12 层
邮　　编	100020
电　　话	010-65592876（编校部） 010-65598498（市场营销部）
网　　址	www.cpi1993.com
印　　刷	北京建宏印刷有限公司
开　　本	880mm × 1230mm　1/32
字　　数	235 千字
印　　张	9.75
版　　次	2023 年 11 月第 1 版第 1 次印刷
书　　号	ISBN 978-7-5176-1021-2
定　　价	39.00 元

本书为 2021 年度南开大学文科发展基金重点项目
“完形心理学视域下汉语待嵌格式研究
及学习词典（APP）的编纂”
（ZB21BZ0102）之研究成果。

前　言

待嵌格式是由固定部分和可变部分组成的有着固有意义的框架结构。如“有…有…”“有…无…”“说…道…”“半…半…”“一…半…”“四…八…”“七…八…”“千…万…”等。

梳理学术研究历史发现，待嵌格式的研究以及供汉语母语者使用的词典（称为“内向型学习词典”）有不少，但面向留学生的待嵌格式研究和供留学生使用的词典（称为“外向型学习词典”）数量较少。

汉语常用工具书虽也收录了待嵌格式，但数量很少。《现代汉语词典》收录 33 个，《现代汉语八百词》收录 14 个，《应用汉语词典》收录 25 个。20 世纪 90 年代还出现了一些专门收释格式的内向型学习词典：武柏索等编《现代汉语常用格式例释》（1988）、张卫国编《四字语型及其应用》（1989）、朱林清等编《现代汉语格式初探》（1987）、常玉钟编《口语习用语功能词典》（1993）、刘德联等编《汉语口语常用句式例解》（2005）、张建新编《汉语口语常用格式例释》（2008）、陈如等编《汉语常用格式 330 例》（2010）、张卫国编《现代汉语实用语型——准确理解、自由表达的新途径》（1992）等。整体来讲，内向型学习词典内容庞杂，词条选用比较随意，解释和语例难度大，例子多来自现当代文学作品。

现有的外向型学习词典只有姜德梧编著的《汉语四字格词典》（2000）。该词典收词汇格式 275 个，其中待嵌格式占总数的 84%，对汉语学习和研究有一定的参考价值。

从目前通用的汉语教材看，待嵌格式在中高级汉语教材中均有出现，但教材选择待嵌格式条目比较随机，教学不成体系：有的将其作为词汇教学，有的将其作为语法点教学；而且同一个待嵌格式，有的放在中级教材中，有的放在高级教材中。格式意义的解释以及相关练习的设置也比较粗略，教学效果不佳。总体来说，对于待嵌格式的处理，汉语教材存在六大问题：（一）名不正；（二）界不清；（三）释不明；（四）标准不一；（五）词条缺乏概括性；（六）体系性不强。

基于以上背景，我们编写了这本《汉语常用待嵌格式学习手册》。这是一本供留学生学习汉语时使用的学习手册，其特点有四：

第一，满足留学生扩大词汇量的需求，专门讲解待嵌格式并配有相应的练习。我们考虑到中高级留学生的汉语水平，尽量选用难度适中的例证。学生不借助其他工具书或尽量少借助工具书就能理解和使用本书内容，顺利完成待嵌格式相关练习。本书每个词条都设有相关练习，这不仅能帮助学生通过自测来了解自己的学习情况，也可以帮助教师督促和检查学生学习的进度和知识的掌握情况。

第二，选择部分容易混淆的待嵌格式，加以辨析。本书选取容易混淆的 15 组待嵌格式，对它们的语义功能、常项和变项的差异进行区分。

第三，本书收词范围严格限定为待嵌格式。上述内向型学习词典没有区分语法格式和词汇格式，把连接复句的关联词“不是…而是…”“不但…而且…”与待嵌格式“…来…去”“忽…忽…”“可…可…”等放在一起。本书严格把控收词标准，只收录待嵌格式。

第四，充分展示待嵌格式的扩展能力，提供每一条常用待嵌格式语汇。待嵌格式的构造能力惊人，对于中高级阶段的留学生具有很高的实用价值。待嵌格式是不定型的，大都不被现代汉语词典收录，也不被各级各类汉语教材以及作为第二语言的汉语教学词汇大纲所收录。但是介于固定格式和词组之间的待嵌格式的构造格式能力惊人，比如本书列出“半…半…”构造的常用格式144个，“无…无…”构造的常用格式201个；且待嵌格式的常项和整个结构具有稳定性，嵌入成分是变化的，“变与不变”的结合，可以让留学生学习效率事半功倍，也有助于他们深入理解中国文化。

希望本书对留学生学习汉语、掌握汉语待嵌格式组合规律、培养他们的“格式”意识能有所帮助。鉴于编者水平有限，此书难免存有不足，若有不当之处，敬请方家指正，以期修改完善。

董淑慧

2023年6月

目　录

M

N

P

Q

R

Z

A

爱A不A

“爱A不A”表示对于做不做某一行为（A）无所谓，说话人带有不满情绪。A多为单音节动词，也可以是双音节动词。

【例释】

爱去不去 表示去也可以，不去也可以，说话人表现出一种无所谓的态度。

你们爱去不去，反正我是要去的。

爱信不信 表示信不信无所谓，说话人常有不满情绪。

这件事真是这样，你爱信不信。

爱买不买 表示买不买无所谓，说话人常有不满情绪。

这件衣服不还价，一口价，你爱买不买！

爱说不说 表示说不说无所谓，说话人常有不满情绪。

我今天心情不好，不想说。——爱说不说！今天不说，以后就别再说了。

【语汇】

爱安不安 爱摆不摆 爱报不报 爱拆不拆 爱唱不唱 爱吃不吃
爱带不带 爱戴不戴 爱订不订 爱放不放 爱改不改 爱干不干

爱挂不挂　爱管不管　爱喝不喝　爱画不画　爱还不还　爱建不建
爱教不教　爱借不借　爱救不救　爱举不举　爱开不开　爱考不考
爱来不来　爱理不理　爱留不留　爱买不买　爱卖不卖　爱拿不拿
爱评不评　爱亲不亲　爱请不请　爱去不去　爱上不上　爱烧不烧
爱审不审　爱收不收　爱说不说　爱送不送　爱算不算　爱跳不跳
爱贴不贴　爱听不听　爱写不写　爱信不信　爱修不修　爱学不学
爱找不找　爱住不住　爱坐不坐　爱做不做

爱参加不参加　爱出席不出席　爱复习不复习　爱解决不解决
爱进来不进来　爱进去不进去　爱开门不开门　爱请客不请客
爱上课不上课　爱上来不上来　爱上去不上去　爱下来不下来
爱下去不下去　爱学习不学习　爱愿意不愿意　爱准备不准备

【填空练习】

爱听不听　爱来不来　爱吃不吃　爱修不修

① 我都已经跟他说清楚了，他（　　　　）。

② 修电脑就这个价儿，你们（　　　　）。

③ 中午就这一个菜，跟孩子们说，他们（　　　　）。

④ 反正我已经给他发了邀请信，他（　　　　）。

【答案】

① 爱听不听　② 爱修不修　③ 爱吃不吃　④ 爱来不来

B

百 A 百 B

❶“百 A 百 B”表示多次做某个动作（A）都会得到某种结果（B）。A、B 为单音节动词。“百 A”和“百 B”具有承接关系。

【例释】

百战百胜　表示战斗一百次打胜一百次；形容极其善战，所向无敌。

只有知己知彼，才能百战百胜。

百发百中　形容射箭或打枪精准，每次都命中目标；也比喻做事有充分把握。

乔丹投篮百发百中，真令人叫绝。

【语汇】

百刺百中　百发百中　百举百捷　百举百全　百试百灵　百问百答
百下百全　百下百着　百选百准　百战百败　百战百胜　百治百效

❷当 A 和 B 意思相同或相近时，“百 A 百 B”表示某种性状程度高。A、B 为单音节形容词或动词。

【例释】

百依百顺　指不论要什么，说什么，都一味顺从而不问是非。

他对妻子一向百依百顺、宠爱有加。

百伶百俐　形容非常聪明乖巧。

小姑娘百伶百俐，吹弹唱舞无所不能。

百灵百验　表示测试或预测非常准确。

严格地控制饮食，加上适量的运动，对于减肥来说，是百灵百验的。

【语汇】

百伶百俐　百灵百验　百能百俐　百能百巧　百依百从　百依百顺　百依百随

【填空练习】

百战百胜　百发百中　百依百顺　百灵百验

① 她对自己独生子贝贝的宠爱已经到了（　　　　）的地步。

② 尽管科技一直在进步，但人们对天气的预测还不能做到（　　　　）。

③ 我们的球队在各种大赛中屡屡得冠，（　　　　）。

④ 他是校篮球队队长，投篮几乎（　　　　）。

【答案】

① 百依百顺　② 百灵百验　③ 百战百胜　④ 百发百中

百 A 不 B

“百 A 不 B”表示“多次进行某一动作行为（A），结果不发生变化”。“百 A”和“不 B”构成转折关系。“百”表示（动作行为）重复多次。A、B 均为单音节动词。

【例释】

百读不厌　表示阅读百次也不厌烦。

《红楼梦》，我百读不厌，一直放在床头。

百思不解　表示反复思考也不能理解。

他的这种损人不利己的行为，令我们百思不解。

百折不挠　表示受到很多挫折，但不动摇；形容意志坚定。

他那种百折不挠的精神，成就了他美丽的人生。

【语汇】

百败不折　百吃不腻　百吃不厌　百读不厌　百喝不厌　百看不厌
百赏不厌　百试不爽　百思不解　百听不厌　百玩不厌　百问不烦
百寻不见　百演不衰　百游不厌　百战不殆　百折不摧　百折不回
百折不挠　百折不屈　百折不移　百治不愈

【填空练习】

百试不爽　百治不愈　百战不殆　百吃不厌

①　知己知彼，方能（　　　　），在高水平的博弈中，经验往往会成为制胜的决定因素。

② 地三鲜，我每次去饭店是必点的，而且（　　　）。

③ 这种防止考试作弊的方法（　　　），至今还没有出现过差错。

④ 老王得了哮喘病，多年咳嗽，（　　　）。

【答案】

① 百战不殆　② 百吃不厌　③ 百试不爽　④ 百治不愈

百 A 千 B

"百 A 千 B"表示某种事物繁多或动作重复了很多次。A、B 为意义相同或相近单音节名词、动词或形容词。"百 A"和"千 B"是并列关系。

【例释】

百卉千葩　指各式各样盛开的花朵；常比喻事物丰富多彩，景象繁荣兴盛。

公园内百卉千葩争相吸引游人的目光。

百媚千娇　形容女子姿态美好。

她回眸一笑，真是百媚千娇。

百啭千声　指鸟鸣声婉转多样。

耳边只闻鸟鸣，百啭千声，却看不见它们玲珑的身影。

【语汇】

百熬千煎　百草千花　百川千湖　百村千户　百代千年　百毒千灾

百感千愁　百舸千舟　百怪千奇　百锅千味　百行千业　百卉千葩
百计千方　百计千谋　百计千心　百劫千难　百孔千创　百库千塘
百炼千锤　百了千当　百流千转　百媚千红　百媚千娇　百面千相
百年千秋　百品千条　百腔千调　百巧千穷　百曲千回　百曲千转
百泉千树　百寿千福　百顺千随　百岁千秋　百态千姿　百县千乡
百乡千村　百校千厂　百折千回　百镇千村　百转千回　百啭千声
百拙千丑　百姿千态　百子千孙　百紫千红

【填空练习】

百孔千疮　百紫千红　百卉千葩　百媚千娇

① 当我们在（　　　　）的春光中徜徉时，谁曾想春天已悄然过半。

② 乡间的女人没有（　　　　）的婀娜，却美得动人。

③ 这座城市遭到战争的破坏，早已是（　　　　）了。

④ 地方电台的节目现在（　　　　），从美国的摇滚音乐、香港歌星的流行歌曲到普契尼的歌剧，什么都播放。

【答案】

① 百紫千红　② 百媚千娇　③ 百孔千疮　④ 百卉千葩

半 A 半 B

“半 A 半 B”表示相对的两种性质或状态都存在，既有 A 的状态，也有 B 的状态，即处于一种中间、模糊的状态。A、B 多为意义相反的词，通常为单音节或双音节动词、名词或形容词。

【例释】

半躺半坐 表示姿势一半是躺着，一半是坐着。

他半躺半坐在沙发上看电视。

半真半假 表示事件、话语等一半真一半假，真假难辨。

这种人说话半真半假，让人难以分辨。

半人半鱼 表示形态一半是人，一半是鱼。

传说中有种半人半鱼的生物，叫卢亭，不过它们不是童话故事里的美人鱼。

半文半白 表示文章、戏剧等的语言一半是文言，一半是白话，文言和白话夹杂。

明天我带你去听京剧，怎么样？——我听不懂，京剧唱词半文半白的。

半当真半取笑 表示态度、语言等一半是开玩笑，一半是当真的。

老张半当真半取笑地对我们说："我真想现在就退休。"

【语汇】

半白半黑	半白半蓝	半抱半搂	半抱半推	半抱半拖	半猜半蒙
半猜半认	半藏半露	半搀半拥	半唱半说	半抽半喷	半蹲半跪
半蹲半躺	半蹲半坐	半粉半白	半扶半抱	半干半湿	半干半稀
半工半商	半官半商	半跪半爬	半跪半坐	半喝半劝	半合半睁
半黑半褐	半红半白	半红半黑	半红半黄	半哄半吓	半唬半哄
半灰半黄	半灰半蓝	半昏半暗	半焦半裂	半开半闭	半开半合
半开半扣	半开半掩	半哭半叫	半哭半笑	半马半人	半霾半雾
半买半抢	半梦半醒	半明半暗	半爬半滚	半跑半走	半青半灰
半清半俗	半劝半哄	半人半鬼	半人半驴	半人半兽	半人半仙
半人半妖	半人半鱼	半商半农	半神半人	半生半熟	半实半虚
半送半卖	半酸半苦	半酸半涩	半酸半甜	半抬半拖	半躺半卧
半躺半仰	半躺半倚	半躺半坐	半提半拖	半偷半抢	半土半灰
半土半沙	半土半洋	半推半就	半推半拉	半推半拖	半拖半拽

半伪半真　半文半白　半握半开　半喜半惊　半喜半恼　半喜半羞
半喜半忧　半笑半气　半信半疑　半掩半藏　半掩半开　半掩半露
半仰半卧　半倚半靠　半倚半坐　半阴半晴　半隐半显　半雨半雾
半云半雾　半遮半露　半真半假　半睁半闭　半中半西　半租半借
半醉半睡　半醉半醒　半坐半靠　半坐半立　半坐半睡　半坐半卧

半哀求半命令　半安慰半威胁　半悲伤半气愤　半嘲笑半感慨
半城镇半农村　半当真半取笑　半赌气半玩笑　半愤怒半惋惜
半公开半秘密　半关心半生气　半害羞半得意　半怀念半感慨
半讥讽半搭讪　半讥讽半亲热　半解释半命令　半惊慌半痛苦
半拉扯半搀扶　半埋怨半劝慰　半梦幻半现实　半命令半央求
半凝固半透明　半佩服半吃惊　半取笑半亲热　半劝半责备
半认真半玩笑　半土匪半仆役　半威严半慈祥　半羡慕半安慰
半羞惭半着急　半严肃半玩笑　半液体半固体　半怨愤半沮丧
半着急半害羞　半正经半玩笑　半自白半暗示　半宗教半军事

【填空练习】

半信半疑　半生半熟　半吞半吐　半真半假　半猜半认　半劝半哄

① 虽然他说得有道理，但我还是（　　　　），因为事情发生得太突然了。

② 这个鸡翅（　　　　）的，不能吃吧？

③ 他这几天说话（　　　　），好像有什么事情瞒着我。

④ 这一副对联上的字都是草书，我（　　　　）抄下来了，不知道对不对。

⑤ 她说话（　　　　），你不要相信她。

⑥ 小姑娘因为失恋一直在哭，我（　　　　），总算把她哄好了。

【答案】

①半信半疑　②半生半熟　③半吞半吐　④半猜半认　⑤半真半假　⑥半劝半哄

半A不B

“半 A 不 B”表示处于某一种中间、模糊的状态。表达说话人对某些事物或现象的不满意。A、B 可为意义相反的词，也可以是同一个词，通常为动词或形容词。

【例释】

半生不熟　表示食物没完全加工熟；果实没有完全成熟。

这个鸡翅半生不熟的，叫人怎么吃啊？

半文不白　表示文言和白话夹杂。

这个论文半文不白的，看不懂。

半懂不懂　表示不太懂。

老师讲的这些，我也是半懂不懂的。

半浓不浓　表示不太浓。

早上我帮她化了半浓不浓的妆，勉强看得过去。

【语汇】

半长不短	半痴不呆	半痴不癫	半痴不傻	半大不小	半懂不懂
半高不低	半跪不跪	半黑不白	半红不黑	半进不进	半哭不哭
半冷不热	半理不理	半凉不热	半零不落	半明不暗	半明不灭
半浓不淡	半浓不浓	半起不起	半晴不晴	半傻不傻	半深不浅
半生不熟	半湿不干	半死不活	半酸不苦	半酸不甜	半躺不躺
半疼不痒	半痛不痒	半秃不秃	半土不洋	半文不白	半笑不笑

半新不旧　半信不信　半阴不晴　半阴不阴　半真不假　半知不觉　半醉不醒　半坐不坐

【填空练习】

半理不理　半懂不懂　半酸不甜　半大不小　半死不活

① 他对我（　　　　）的，我还不稀罕跟他说话呢！

② 你到底怎么了？别这样（　　　　）的，好不好！

③ 这个语法点我还（　　　　），你能再教我一遍吗？

④ 这水果是什么呀？吃起来（　　　　）的。

⑤ 我儿子十五六岁，（　　　　），教育起来不容易。

【答案】

①半理不理　②半死不活　③半懂不懂　④半酸不甜　⑤半大不小

【辨析：半A半B和半A不B】

共同点："半A半B"和"半A不B"都表示既有A的状态，也有B的状态，即处于一种中间、模糊的状态。

不同点：①"半A不B"多包含厌恶感情色彩，表达说话人对某些事物或现象不满意、不如意的态度。"半A半B"的感情色彩为中性。②"半A半B"的"A""B"可以意义相反（如"半哭半笑""半睡半醒"），但更多的时候是意义相关的词（如"半爬半滚""半唱半说"）；"半A不B"的"A""B"可以是意义相反的两个成分（如“半明不灭”），也可以是相同的（如“半坐不坐”“半阴不阴”）。③ “半A半B”的“A”“B”可以是名词、动词、形容词；“半A不B”的“A”“B”可以是动词、形容词。

对比：

① 半生半熟的牛排切开后肉色偏粉红，肉质有弹性，可以看到血汁。

② 这牛排半生不熟的，怎么能吃呢？

边A边B

“边A边B”表示两个动作同时进行。A、B为单音节动词或双音节动词。

【例释】

边教边改 表示一边教一边修改。

两位老师边教边改，花了两年时间完成了这部教材。

边玩边学 表示一边玩一边学习。

不能边玩边学，这样学不好。

边烤边卖 表示一边烤一边出售。

老人边烤边卖，老远就能闻到烤红薯的香味。

边散步边聊天 表示一边散步一边聊天。

他们两个人边散步边聊天，在操场上走了一下午。

【语汇】

边采边卖　边唱边跳　边吃边喝　边吃边看　边吃边聊　边吃边说
边吃边想　边吹边系　边翻边找　边喊边叫　边喊边追　边剪边说
边烤边卖　边聊边玩　边跑边喊　边说边哭　边听边记　边推边搡
边玩边学　边写边改　边写边画　边写边记　边写边剪　边写边录
边学边画　边学边教　边学边练　边学边上　边摘边吃　边织边说
边煮边卖　边追边打　边走边背　边走边唱　边走边聊　边走边卖
边走边嚷　边走边说　边走边讨　边走边听　边走边问　边走边演
边走边找　边做边卖

边吃饭边聊天　边散步边聊天　边散步边商量　边散步边听歌
边听边记录　边找边商量

【填空练习】

边走边说　边说边哭　边跑边喊　边走边找

① 我们俩（　　　　），不一会儿就走到了学校门口。

② 洪水要来了，警察（　　　　），让大家赶紧逃生。

③ 我不小心丢了钥匙，我沿着来时的路，（　　　　）。

④ 孩子（　　　　），把刚才被打的事情说了一遍。

【答案】

① 边走边说　② 边跑边喊　③ 边走边找　④ 边说边哭

兵 A 将 B

“兵 A 将 B”表示士兵和将军处于某种状态或采取某种行为。

A、B 为意义相关的单音节形容词、动词。“兵 A”和“将 B”是并列关系或者顺承关系。

【例释】

兵多将广 指士兵和将领都很多；形容军队实力雄厚。

如果依仗兵多将广，便会大意轻敌，必然惨遭失败。

兵来将挡 比喻不管对方使用什么手段，总有相应的对付方法；也比喻对待不同情况采取不同的对策。

常言道，兵来将挡，水来土掩。只要我们准备充分，就不怕敌人来。

兵老将骄 指战争已经持续很久了，士兵疲惫，将军骄傲。

他准备深入敌营，敌军兵老将骄，可不战而破。

【语汇】

兵败将亡　兵单将少　兵多将广　兵骄将傲　兵来将挡　兵来将敌
兵来将迎　兵老将骄　兵强将勇　兵微将寡　兵勇将猛

【填空练习】

兵来将挡　兵多将广　兵败将亡　兵勇将猛

① 没料到，今天（　　　　），人马就剩四十来万。

② 宋江等人（　　　　），对方不是对手，折了五将，全军覆没。

③ 现在不用太焦虑，到时候（　　　　），随机应变。

④ 他认为这天下兵力之强盛不在于（　　　　），而在于国富民丰。

【答案】

① 兵败将亡　② 兵勇将猛　③ 兵来将挡　④ 兵多将广

A兵B将

“A兵B将”形容兵将具有某种性状，“A、B”与“兵将”为修饰关系；也表示对兵将采取某种动作或兵将遭遇某种行为，“A、B”与“兵将”为动宾关系。A、B为意义相关的单音节形容词或动词。

【例释】

调兵遣将　调遣兵力、将领，泛指调配人力。

周瑜调兵遣将，准备与曹操的80万大军决一死战。

虾兵蟹将　神话传说中龙王手下的兵将；比喻敌人不中用的下属。

你手底下那些虾兵蟹将，能干成什么事？

残兵败将　指残余的军队，失败的将领；形容战败的部队。

赤壁之战中曹操中计惨败，只得带着残兵败将落荒而逃。

神兵天将　比喻英勇善战、行动迅捷的军队。

有一支部队像神兵天将一样，一天前进一百五十里。

【语汇】

败兵折将　残兵败将　残兵老将　调兵遣将　呼兵唤将　骄兵悍将
精兵良将　精兵强将　领兵用将　遣兵派将　强兵悍将　强兵虎将
强兵猛将　神兵猛将　神兵天将　损兵折将　天兵天将　挑兵选将
统兵驭将　虾兵蟹将　雄兵猛将

【填空练习】

虾兵蟹将　残兵败将　神兵天将　调兵遣将

① 你们向东走那会儿，我们就知道你们一定会回来，可没想到你们回来得这样快，真是（　　　　）！

② 总攻之前，司令（　　　　），前方后方都在紧张而有秩序地忙碌着。

③ 将领没来应战，倒来了一批（　　　　）。

④ 敌人的（　　　　）走投无路，只好投降。

【答案】

① 神兵天将　② 调兵遣将　③ 虾兵蟹将　④ 残兵败将

冰A雪B

“冰雪”与“A、B”为主谓关系时，A、B为意义相关的单音节动词，“冰A雪B”表示冰雪发生某种变化。“冰雪”与“A、B”为修饰关系时，以冰雪作为喻体来强调事物所具有的状态和特性，A、B为意义相关的单音节名词。

【例释】

冰天雪地　表示冰雪漫天盖地；形容天气极寒冷。

现在已经进入三月了，外面却还是冰天雪地。

冰肌雪肤　形容肌肤像冰雪一样的；形容女子洁美的体肤。

她穿着一条漂亮的长裙，冰肌雪肤在裙摆间若隐若现。

冰消雪融　表示像冰一样消融，像雪一样融化；比喻事物彻底消失。

春风吹过大地，万物复苏，冰消雪融。

冰消雪释　比喻事物消失、化解。

他们本来矛盾很深，经过深入地沟通后，双方的对立情绪冰消雪释了。

【语汇】

冰崩雪陷　冰川雪峰　冰川雪岭　冰雕雪塑　冰封雪冻　冰封雪盖
冰封雪裹　冰封雪埋　冰封雪飘　冰封雪锁　冰封雪压　冰封雪掩
冰封雪阻　冰峰雪岭　冰海雪原　冰河雪坑　冰花雪纹　冰魂雪魄
冰肌雪肠　冰肌雪肤　冰脊雪梁　冰裂雪融　冰墙雪壁　冰情雪韵
冰融雪化　冰山雪谷　冰霜雪雨　冰天雪地　冰天雪窖　冰天雪柱
冰消雪化　冰消雪解　冰消雪融　冰消雪释　冰洋雪海

【填空练习】

冰封雪盖　冰消雪释　冰天雪地　冰肌雪肠

①　他推开窗户一看，外面一片（　　　　）。

②　（　　　　）的寒冬过后，温暖的春天即将到来。

③　吉姆很晚回来，老师等在宿舍楼梯口，本想说他几句，但一见到他就（　　　　）了。

④　画中的女人美丽而优雅，散发着母性的光辉，温柔地注视着怀里的婴儿，可谓是（　　　　）。

【答案】

①冰天雪地　②冰封雪盖　③冰消雪释　④冰肌雪肠

不 A 不 B

“不 A 不 B”有两种情况：

❶ 表示“恰到好处，正合适”，也表示“处于令人不满意的中间状态”。A、B 为意义相反的单音节形容词或名词。

【例释】

不大不小 表示大小正合适。

这鞋子不大不小，不肥不瘦，正好。

不男不女 形容一个人既不像男的，也不像女的。

他这样打扮，显得不男不女的。

不温不火 形容人的性格温和或商品卖得不火。

最近股市没有什么变动，一直不温不火的。

【语汇】

不长不短　不迟不早　不粗不细　不东不西　不肥不瘦　不干不湿
不高不矮　不高不低　不好不坏　不黑不白　不黑不黄　不红不白
不厚不薄　不急不缓　不急不慢　不紧不慢　不苦不乐　不老不嫩
不老不小　不冷不热　不凉不暖　不凉不热　不男不女　不南不北
不胖不瘦　不前不后　不强不弱　不轻不重　不清不浑　不晴不阴
不软不硬　不上不下　不生不熟　不松不紧　不酸不辣　不温不凉
不文不白　不稀不稠　不咸不淡　不新不旧　不远不近　不早不晚
不左不右

❷ 对某一种行为或性状（A、B）进行否定。A、B 为意义相近的单音节语素，有的 A、B 合起来为双音节词。

【例释】

不伦不类 表示既不像这一类，也不像那一类；形容不像样、不规范。

你的这身打扮，看着不伦不类的。

不清不楚 表示不明白或无法理解。

不明不白 表示不明白，不清晰。

我们俩的感情是不清不楚地开始的，不明不白地结束了。

不清不白 表示不清白，不清楚，关系比较暧昧。

大家都说他们两个人的关系不清不白的。

【语汇】

不吃不喝　不呆不傻　不干不脆　不慌不乱　不慌不忙　不急不忙
不惊不慌　不离不弃　不伶不俐　不伦不类　不明不白　不清不白
不清不楚　不屈不挠　不散不乱　不痛不痒　不歪不斜　不温不火
不闻不问　不言不语　不依不饶　不争不抢　不整不齐

【填空练习】

不言不语　不急不慌　不高不矮　不深不浅　不明不白　不呆不傻

① 同学们都在热烈讨论，小王一个人坐在角落里（　　　）。

② 她的丈夫个子（　　　），身材不胖不瘦。

③ 他的爷爷 40 年前就死了，而且死得（　　　）的。

④ 这个坑挖得（　　　），刚好够了。

⑤ 他妹妹（　　　），怎么会相信这种事情呢？

⑥ 看着远处房子着火了，他们依然（　　　）的。

【答案】

①不言不语 ②不高不矮 ③不明不白 ④不深不浅 ⑤不呆不傻 ⑥不急不慌

不堪A

“不堪 A”表示不能承受、经不起某一行为或遭遇。A 通常为双音节动词（短语）或形容词（短语），多带有消极含义。

【例释】

不堪设想 表示对将要发生的事不敢想象；指预期事情会发展到很坏的地步。

今天要不是老师的帮助，后果不堪设想。

不堪一击 表示力量薄弱，经不起一击；也形容论点不严密，经不起反驳。

敌人看似人多势众，其实不堪一击。

不堪入目 表示内容、形象等丑陋得让人看不下去。

一些图书粗制滥造，内容简直是不堪入目。

【语汇】

不堪承受 不堪担任 不堪负荷 不堪回首 不堪煎熬 不堪目睹
不堪疲惫 不堪其烦 不堪其苦 不堪其扰 不堪其辱 不堪其用
不堪其忧 不堪其重 不堪驱使 不堪忍受 不堪入耳 不堪入目
不堪设想 不堪视听 不堪收拾 不堪侮辱 不堪想象 不堪言状

不堪一击　不堪再战　不堪造就　不堪折磨　不堪重负　不堪卒读

【填空练习】

不堪回首　不堪其苦　不堪重负　不堪收拾

① 人口的不断增加使得地球生态系统（　　　　）。

② 他们产生了激烈的冲突，场面更加（　　　　）。

③ 他们曾经是很好的朋友，只是往事已（　　　　）。

④ 这家商店的价格非常高，周围又没有其他的地方可以买东西，附近的居民都（　　　　）。

【答案】

① 不堪重负　② 不堪收拾　③ 不堪回首　④ 不堪其苦

A 不堪

“A 不堪”强调 A 所表示的性状程度之深，让人无法承受、难以忍受。A 通常为双音节形容词，大多具有消极含义。

【例释】

疲惫不堪　形容极度疲乏，过度劳累。

今天我参加了学校的长跑训练，晚上回到宿舍时已经疲惫不堪。

狼狈不堪　表示困顿、窘迫得不能忍受。

不想刚出门就遇上了大雨，几个人狼狈不堪地回来了。

破烂不堪 表示破烂得不成样子。

吉姆很爱看书，他的课本已经破烂不堪了。

【语汇】

肮脏不堪 残破不堪 陈旧不堪 丑陋不堪 粗俗不堪 恶臭不堪 烦躁不堪 繁重不堪 腐败不堪 腐朽不堪 混乱不堪 僵硬不堪 苦闷不堪 困苦不堪 狼狈不堪 狼藉不堪 劳顿不堪 羸弱不堪 凌乱不堪 忙乱不堪 泥泞不堪 疲惫不堪 疲乏不堪 疲劳不堪 贫穷不堪 破败不堪 破烂不堪 憔悴不堪 瘙痒不堪 痛苦不堪 颓废不堪 污秽不堪 腥臭不堪 虚弱不堪 拥挤不堪 庸俗不堪 臃肿不堪

【填空练习】

狼狈不堪 拥挤不堪 泥泞不堪 痛苦不堪

① 昨天下了一整夜的雨，山路变得（ ），学校的郊游计划只好暂缓。

② 他出门时没有带伞，一场大雨淋得他浑身湿透，（ ）。

③ 他在学习上一直没有掌握技巧，使得他（ ）。

④ 高峰期的地铁上总是（ ）。

【答案】

① 泥泞不堪 ② 狼狈不堪 ③ 痛苦不堪 ④ 拥挤不堪

不A而B

“不A而B”表示没有某个条件或原因（A）而出现了某种结果（B），A是B的条件或原因。A、B为意义相关的单音节词，A多为动词、名词或形容词，B为动词。

【例释】

不期而遇　表示没约定，意外遇见。

昨天在公园里，我们不期而遇。

不翼而飞　表示没有翅膀却能飞；比喻东西突然不见了；也比喻事情传播得很快。

从公共汽车上下来后，我发现钱包不翼而飞了。

不谋而合　表示没有事先商量过，双方的想法和行为一致。

两个党派的政治主张不谋而合。

【语汇】

不辞而别　不德而功　不扶而直　不攻而破　不寒而栗　不欢而散
不击而溃　不教而杀　不教而诛　不胫而走　不劳而成　不劳而得
不劳而获　不劳而食　不令而信　不谋而合　不谋而同　不期而会
不期而然　不期而同　不期而遇　不勤而获　不请而来　不请而至
不宣而战　不言而信　不言而喻　不药而愈　不翼而飞　不约而同
不战而败　不战而溃　不战而降

【填空练习】

不翼而飞　不欢而散　不宣而战　不攻而破

① 结婚前，男方父母和女方父母见面谈婚礼细节，谁知（　　　　）。

② 1941 年 6 月 22 日凌晨，希特勒对苏联（　　　　），突然发起了进攻。

③ 事实既已水落石出，谣言当然（　　　　）。

④ 走进教室，我就发现我放在课桌上的一支铅笔（　　　　）了。

【答案】

① 不欢而散　② 不宣而战　③ 不攻而破　④ 不翼而飞

不可 A

“不可 A”表示某人 / 某物 / 某一情况达到某种程度而不能采取某一行为。A 为双音节动词。

【例释】

不可告人　表示不能告诉别人，多指难言之隐，有时含贬义。

他们如此恭维你，一定有不可告人的目的。

不可开交　表示无法解开或无法摆脱。

昨天他们俩吵得不可开交。

不可轻视 表示不能小看，不能看不起。

对独生子女的情感教育，千万不可轻视。

不可救药 表示病已重到无法用药医治的程度；比喻已经到了无法挽救的地步。

不知敬重英雄的民族是不可救药的。

【语汇】

不可比拟 不可避免 不可辩驳 不可剥夺 不可动摇 不可多得
不可分割 不可告人 不可割断 不可估量 不可忽视 不可或缺
不可兼得 不可兼容 不可教训 不可救疗 不可救药 不可开交
不可抗拒 不可克服 不可理喻 不可名状 不可磨灭 不可逆转
不可偏废 不可企及 不可侵犯 不可轻视 不可胜数 不可收拾
不可思议 不可替代 不可调和 不可妥协 不可限量 不可小觑
不可言说 不可移易 不可预知 不可捉摸 不可阻挡

【填空练习】

不可告人 不可动摇 不可轻视 不可捉摸

① 他怀着（ ）的目的和你交往，你要小心才好。

② 永远不可欺骗别人，（ ）任何地方的人们。

③ 从那天早晨起，他的一切行动都是反常而（ ）的。

④ 他在日常生活中有一条（ ）的信念，那就是，道德标准是绝对的。

【答案】

① 不可告人 ② 不可轻视 ③ 不可捉摸 ④ 不可动摇

不A其B

“不A其B”表示某种行为或态度不存在或未发生，“不”表示否定。A为单音节动词，B为单音节名词或形容词。

【例释】

不厌其烦 形容有耐心。

最近，失眠令她不厌其烦。

不厌其详 表示不嫌详细，越详细越好。

老师傅不厌其详地向徒弟传授技艺。

不乏其人 表示那样的人不少。

学院里有德有才的教师不乏其人。

【语汇】

不得其本	不得其传	不得其道	不得其法	不得其非	不得其解
不得其精	不得其仁	不得其所	不乏其例	不乏其人	不负其责
不改其乐	不计其数	不见其形	不解其意	不尽其分	不尽其忠
不觉其苦	不堪其忧	不离其宗	不临其前	不明其因	不谋其利
不欺其民	不塞其源	不胜其烦	不胜其苦	不失其伦	不私其利
不闻其详	不厌其烦	不厌其繁	不厌其详	不知其情	不知其味
不知其详	不知其用				

【填空练习】

不改其乐　不乏其人　不厌其烦　不计其数

① 他乐于助人，帮助过的人（　　　　）。

② 这样热心的志愿者（　　　　）。

③ 虽然他生活条件很艰苦，但是（　　　　）。

④ 她是个很好的倾听者，总是（　　　　）地听我说话。

【答案】

① 不计其数　② 不乏其人　③ 不改其乐　④ 不厌其烦

不无 A

"不无 A"表示存在某一种事物或状态（但数量不多）。"不无"即"存在；有"。A 为双音节名词或形容词。

【例释】

不无启示　表示有启示。

我倒觉得今天的讲座对我不无启示。

不无关系　表示有些关系。

他每天精力充沛，与早睡早起不无关系。

不无道理　表示有些道理。

现在看来妈妈的担忧不无道理。

不无裨益　表示有些好处。

读书对于提升社会文明程度不无裨益。

【语汇】

不无裨益　不无吃惊　不无担心　不无道理　不无烦躁　不无干系
不无根据　不无关联　不无关系　不无好处　不无娇羞　不无骄傲
不无偏颇　不无启示　不无深情　不无收获　不无喜悦　不无心酸
不无欣慰　不无遗憾　不无疑惑　不无疑问　不无益处　不无影响
不无忧虑　不无忧郁　不无自豪

【填空练习】

不无遗憾　不无道理　不无裨益　不无启示

① 这本书虽然有点无聊，但是对我们（　　　　）。

② 我和朋友的决裂（　　　　）。

③ 每天坚持运动半小时对我们的身体健康（　　　　）。

④ 现在看来，医生的叮嘱（　　　　）。

【答案】

① 不无启示　② 不无遗憾　③ 不无裨益　④ 不无道理

不以为 A

“不以为 A”表示（对人或事）不认为具备某种性状（A），表示否定的态度（有时含轻视义）。A 为单音节名词、形容词或动词。

【例释】

不以为然　不认为是对的，表示不同意（多含轻视意）。

他嘴上虽然没有说不对，心里却不以为然。

不以为意　表示不放在心上，不重视，对人或事抱着轻视的态度。

妈妈说写一手好字很重要，让我勤练书法，我不以为意。

不以为忤　表示不将它当成忤逆之举。

学生们向校长提出了不少意见和建议，校长不但不以为忤，反而欣然接受。

不以为奇　表示不觉得奇怪，是见惯了的。

他在外面新奇的事见得多了，什么事都不以为奇。

【语汇】

不以为耻　不以为丑　不以为恶　不以为非　不以为怪　不以为过
不以为憾　不以为苦　不以为累　不以为难　不以为奇　不以为巧
不以为然　不以为荣　不以为辱　不以为实　不以为是　不以为忤
不以为喜　不以为羞　不以为意　不以为忧　不以为迂　不以为怨
不以为重

【填空练习】

不以为然　不以为奇　不以为耻　不以为意

①　我觉得应该开车去机场，他（　　　　），坚持坐地铁。

②　我早就说了让他提前复习，结果人家（　　　　），考砸了。

③　他每次去饭店吃饭都点好多菜，吃不完，就倒掉了。他（　　　　），反以为荣。

④　重庆人特别爱打麻将，就连下雨天也坐在雨里打麻将，当地人看到也（　　　　）。

【答案】

①不以为然　②不以为意　③不以为耻　④不以为奇

不A之B

“不A之B”表示B(人或事)具备某种状态。A为单音节形容词、动词或名词，B为单音节名词。

【例释】

不速之客　表示没有被邀请而自行前来的客人。

周末，我们一家人正在家里休息，这时门外突然来了一名不速之客。

不时之需　表示不定什么时候出现的需要。

我的行李差不多收拾好了，大约下午2点出发去机场。——这盒感冒药你带上，以备不时之需。

不治之症　表示治不好的病症。

在普通人看来，直到今天，癌症仍然是不治之症。

不足之处　表示不完善的地方。

你的论文写得不错！——我觉得还有许多不足之处，请您多指教。

【语汇】

不安之相	不安之心	不拔之志	不白之冤	不败之地	不便之处
不宾之士	不材之木	不测之祸	不测之事	不测之忧	不测之渊
不传之宝	不传之秘	不次之位	不当之处	不到之处	不掉之势
不法之徒	不凡之处	不符之处	不腐之谜	不根之论	不根之谈

不恭之处　不化之地　不惑之年　不羁之民　不洁之物　不解之处
不解之谜　不解之缘　不尽之意　不经之谈　不刊之论　不老之神
不老之药　不利之处　不毛之地　不眠之夜　不牧之地　不破之论
不情之请　不忍之心　不杀之恩　不善之家　不善之人　不慎之处
不时之需　不识之无　不实之言　不世之功　不受之故　不死之谜
不死之人　不速之客　不腆之仪　不祧之祖　不同之处　不妥之处
不亡之理　不舞之鹤　不祥之鬼　不祥之域　不祥之兆　不孝之女
不孝之子　不朽之作　不虚之理　不雅之言　不疑之道　不义之财
不义之事　不易之道　不易之典　不虞之誉　不预之灾　不正之风
不治之症　不智之举　不足之处　不足之数

【填空练习】

不毛之地　不义之财　不便之处　不法之徒

① 沙漠变绿洲，当初的（　　　　）如今长成了胡杨林。

② 我虽然喜欢钱，可是我想靠自己的能力去赚钱，才不要这种（　　　　）。

③ 对于盲人来说，他们的生活之中有许多（　　　　）。

④ 警察的职责是维护社会秩序，打击（　　　　）。

【答案】

① 不毛之地　② 不义之财　③ 不便之处　④ 不法之徒

不 A 自 B

“不 A 自 B”表示没有某个条件或原因（A）而出现了某种结果（B）。A 是 B 的条件或原因。A、B 多为意义相关的单音节动词。

【例释】

不请自来 表示不用邀请而自己来的客人。

这些不请自来的客人，让我很头疼，一时不知如何安顿他们。

不攻自破 表示无须攻击，自己就会破灭；形容观点等经不起反驳。

等老王从城里回来，关于他的各种谎言就会不攻自破。

不学自通 表示没有老师的传授、指点，自己学会、通晓某种知识或技能。

在税务局混久了，与各种企业打交道的门路，他慢慢就不学自通了。

【语汇】

不除自消 不打自招 不扶自直 不攻自拔 不攻自破 不讲自明
不教自会 不怒自威 不请自到 不请自来 不请自至 不学自会
不学自通 不言自明 不邀自来 不邀自至 不战自败 不战自溃
不战自乱 不战自退 不治自愈

【填空练习】

不打自招 不学自通 不治自愈 不怒自威

① 老将军在那里一坐，(　　　　)，令人敬畏。

② 语文主要靠平时积累，可以(　　　　)，只要数学成绩好，升学是没问题的。

③ 只要你能熬过十天，此病可以(　　　　)。

④ 他无意中说漏了嘴，这真是(　　　　)。

【答案】

① 不怒自威 ② 不学自通 ③ 不治自愈 ④ 不打自招

C

A长B短

长、短本来指长度。“A长B短”的“长”“短”多为比喻义：①指是非、好坏；②比喻长处、短处或优势、不足；③指意外或者灾祸。“A长B短”表示对人的是非长短或事物的长处采取某一种行为。A、B为单音节动词、数词或名词。

【例释】

取长补短 指吸取别人的长处，来弥补自己的不足；也泛指在同类事物中吸取这个的长处来弥补那个的短处。

同学之间在学习上要互相帮助、取长补短，才能共同进步。

说长道短 指议论别人的好坏是非。

若在社交场合说长道短，揭人隐私，必定会惹人反感，让人“敬而远之”。

扬长避短 指发挥或发扬优点或有利条件，避开缺点或不利条件。

老师要走近每一个学生，发现每一个学生的优势，扬长避短，因材施教。

争长论短 指争论谁是谁非，多指在不大重要的事情上过于计较。

他工作时能够听从安排，从不跟别人争长论短。

【语汇】

寸长尺短　赌长较短　断长补短　断长续短　非长是短　喉长气短
家长里短　截长补短　绝长补短　量长较短　量长论短　情长纸短
取长补短　去长就短　三长两短　舍长就短　说长道短　说长说短
送长送短　诉长道短　问长问短　嫌长道短　心长发短　扬长避短
扬长克短　夜长梦短　一长两短　一长一短　折长补短　争长较短
争长竞短　争长论短

【填空练习】

争长论短　取长补短　嫌长道短　三长两短

① 同学之间，应互相（　　　　），共同提高。

② 在这些细小问题上，大家就不要（　　　　）了。

③ 要是他有个（　　　　），我唯你是问。

④ 他对你这么照顾，你还（　　　　），这太不应该了。

【答案】

① 取长补短　② 争长论短　③ 三长两短　④ 嫌长道短

长A短B

"长A短B"的"长""短"指长度。"长""短"和"A""B"具有修饰关系。若A、B同为名词或动词，"长A""短B"为并列关系，"长A短B"泛指各种长度的事物或持续不同时间长度的行为。若A为名词，B为动词，"长A""短B"为转折关系，"长A短B"表示对具有优点长处的人或物采取了某种处理方式。

【例释】

长吁短叹 表示长一声、短一声不住地叹气。

小杨长吁短叹了一个礼拜，也没有找到解决问题的方法。

长街短巷 指大街小巷。

成都城区的长街短巷，屋顶花园触目皆是。

长话短说 表示有很多话要说，只用扼要的几句话表明主要意思。

你们长话短说，直接告诉我们比赛结果吧。

长才短驭 指大材小用。

让这位著名大教授去给本科学生上课，真是长才短驭。

【语汇】

长才短驭 长材短用 长话短说 长街短巷 长篇短章 长亭短亭 长吁短气 长吁短叹

【填空练习】

长话短说 长材短用 长吁短叹 长亭短亭

① 一程一程，（ ），不觉地就走了二百九十九里。

② 遇到苦难不应该一味地（ ），而是要积极寻找解决办法。

③ 让一名高级工程师去做清洁工作，简直是（ ）。

④ 时间有限，我们（ ），一会儿我还有个会议要开。

【答案】

① 长亭短亭 ② 长吁短叹 ③ 长材短用 ④ 长话短说

车A马B

“车 A 马 B”表示车、马有某种行为或呈现出某种性状。“车、马”与“A、B”具有主谓关系，A、B 为车、马的活动、状态。A、B 为单音节动词或形容词。还有一部分“车、马”修饰“A、B”，A、B 为单音节名词。

【例释】

车水马龙 表示车像流水，马像游龙；形容来往车马很多，连续不断的热闹情景。

大街上车水马龙，人来人往，好不热闹。

车尘马迹 表示车马行过的痕迹。

一眼望过去，五大道上行人很多，车尘马迹。

车怠马乏 表示车马疲劳困乏。

太阳就要落山了，车怠马乏，走不动路，不如就地搭个帐篷住一晚上。

车填马隘 表示车马堵塞道路。

热情好客的老赵结交了不少朋友，一到周末，他们家总是车填马隘，十分热闹。

【语汇】

车尘马迹 车尘马足 车驰马奔 车驰马骤 车怠马乏 车怠马烦

车堵马叫　车烦马毙　车攻马同　车拉马载　车碾马踏　车跑马叫
车水马龙　车填马隘　车推马拉　车喧马闹　车辙马迹

【填空练习】

车水马龙　车驰马骤　车尘马足　车怠马乏

① 村庄来不及防备就被敌人攻了进来，（　　　　），没一会儿就被占领了。

② 国庆节期间，街上人山人海，（　　　　），十分热闹。

③ 路途过于遥远，（　　　　），我们想原地休息几天。

④ 与其（　　　　），做高官，不如行走于山水之间，快乐人间。

【答案】

① 车驰马骤　② 车水马龙　③ 车怠马乏　④ 车尘马足

A 车 B 马

“A 车 B 马”表示车、马具有某种性状。“A、B”修饰“车、马”，A、B 为单音节名词或形容词。还有一部分“A 车 B 马”表示对车、马采取某一种行为，“车、马”与“A、B”具有动宾关系。A、B 为单音节动词。

【例释】

光车骏马　表示装饰华丽的车马。

每个人对幸福的定义不一样。锦衣玉食、光车骏马未必就是幸福的源头。

香车宝马　表示华丽的车子，珍贵的马。

锦衣玉食、香车宝马未必就是幸福的源头。

素车白马　表示丧葬礼上的白车白马。

历史上的亡国之君，最后都以素车白马投降收场。

坐车骑马　表示坐着车、马出行。

古代人们坐车骑马出行，现在人们坐火车或汽车出行。

【语汇】

弊车羸马　乘车驾马　风车雪马　高车驷马　光车骏马　横车跃马
毁车杀马　驾车驭马　金车银马　泥车瓦马　破车瘦马　弃车乘马
驱车走马　素车白马　素车朴马　鲜车怒马　香车宝马　悬车束马
坐车骑马

【填空练习】

光车骏马　香车宝马　驾车驭马　驱车走马

① 当代社会人们的追求各有不同，有人追求金钱大把，有人追求（　　　　）。

② 古代马是交通工具，（　　　　）是必备的一种技能。

③ 这些（　　　　）的富贵闲人为买花、移花而挥金如土。

④ 一个人如果没有学问，纵有（　　　　）万千，也会被人看不起。

【答案】

① 香车宝马　② 驾车驭马　③ 驱车走马　④ 光车骏马

出A入B

“出 A 入 B”表示出入于 A、B 两种处所或状态之中，达到某种境界或处于某种状态。A、B 多为单音节的动词、名词或形容词。

【例释】

出作入息　表示太阳出来就开始工作，太阳落下就休息。

在古代，农民们过着出作入息的生活。

出神入化　表示超出神妙，进入化境；形容技艺达到非常高超的境界。

他的书法出神入化，在书法界小有名气。

出生入死　表示出入于生死之中，形容冒着极大危险，随时有死的可能；多用以赞扬不顾个人安危的献身精神。

为了救他的爱人，小王出生入死，深入火海。

【语汇】

出表入里　出凡入胜　出关入境　出鬼入神　出锅入盆　出将入相
出口入耳　出奴入主　出浅入深　出神入定　出神入化　出生入死
出双入对　出文入武　出险入艰　出夷入险　出阴入阳　出幽入明
出有入无　出舆入辇　出云入泥　出作入息

【填空练习】

出神入化　出文入武　出生入死　出浅入深

① 解放军战士（　　　　），抢救遇险的群众。

② 相传，村子里有一位大侠，他的功夫可谓（　　　　）。

③ 不要忧愁，（　　　　）的是全才，我们只是普通人。

④ 老师讲课十分生动有趣，（　　　　）地解释知识点，让人一听就懂。

【答案】

① 出生入死　② 出神入化　③ 出文入武　④ 出浅入深

此 A 彼 B

“此 A 彼 B”表示此处（此时）和彼处（彼时）两种情况是不同的。A、B 可为单音节动词、形容词、名词或数量短语。

【例释】

此起彼伏　表示这里起来，那里落下；形容一起一伏，接连不断。

会场上的口号，此起彼伏。

此消彼长　表示这个消减，那个上升；引申为不要太过于在乎此时的失去，别的方面会有长进。

万物此消彼长，我们应该好好珍惜身边的人。

此呼彼应　表示这里呼唤，那里回应；形容互相紧密配合。

他听到风声在头顶此呼彼应，飘落在城市中。

【语汇】

此暗彼明　此长彼短　此唱彼和　此粗彼细　此动彼静　此动彼应
此多彼少　此发彼应　此方彼圆　此感彼应　此高彼低　此厚彼薄
此呼彼应　此疆彼界　此进彼退　此宽彼窄　此密彼疏　此起彼伏
此起彼落　此起彼涌　此亲彼疏　此上彼下　此深彼浅　此升彼降
此问彼难　此消彼长　此赢彼亏　此愈彼起　此增彼减

此一时彼一时

【填空练习】

此起彼伏　此消彼长　此一时彼一时　此疆彼界

① 这里群山连绵，(　　　　)，景色十分优美。

② 小王已经取代了李军，成为经理了，真是(　　　　)啊！

③ 不要灰心，运气是(　　　　)的，明天又是幸运的一天。

④ 经济和文化之间的界限已经被打破，日益模糊了(　　　　)。

【答案】

① 此起彼伏　② 此一时彼一时　③ 此消彼长　④ 此疆彼界

D

大A大B

“大 A 大 B”表示事物数量多或动作规模大或性状程度深。A、B 意义相同、意义相近。A、B 多为单音节动词、名词或形容词。

【例释】

大起大落　形容起伏变化极快，极大。

这部小说没有大起大落的故事情节，但很感人。

大红大紫　形容非常受宠或受欢迎。

现在干什么也不能大红大紫，除了唱歌！

大富大贵　表示十分高贵和富有。

我不盼望孩子将来能大富大贵，只要平平安安就好。

大操大办　表示花费大量资金和力气办理。

一些农村还保持着一种习俗，结婚一定要大操大办。

【语汇】

大包大揽　大悲大痛　大补大泻　大捕大捞　大操大办　大拆大建
大拆大卸　大吵大闹　大彻大悟　大吃大喝　大吃大嚼　大吹大打
大吹大擂　大慈大悲　大恩大德　大恩大惠　大恩大怨　大风大浪
大风大雪　大风大雨　大富大贵　大喊大吼　大喊大叫　大行大市

大喝大嚼　大轰大嗡　大红大绿　大红大紫　大吼大叫　大荤大素
大吉大利　大奸大恶　大奸大佞　大江大海　大江大河　大叫大嚷
大劫大难　大进大出　大经大法　大惊大喜　大惊大险　大酒大肉
大嚼大咽　大开大合　大哭大闹　大冷大热　大鸣大放　大模大样
大男大女　大破大立　大起大落　大仁大义　大仁大勇　大声大气
大是大非　大手大脚　大说大笑　大喜大悲　大修大改　大摇大摆
大鱼大肉　大雨大灾　大灾大难　大涨大落　大智大慧　大智大趣
大智大勇　大智大愚　大忠大德　大忠大贤

【填空练习】

大起大落　大吃大喝　大喊大叫　大是大非　大红大紫　大富大贵

① 老人希望自己子孙代代兴旺，家族未来（　　　　）。

② 在公共场合（　　　　）是非常不合适的。

③ 在（　　　　）前，你说话做事要有自己的原则。

④ 一些人一生中（　　　　），这也是人生宝贵的财富。

⑤ A：你的体重怎么一直减不下来呀？

B：天天这样（　　　　）的，怎么可能瘦呢？

⑥ 她再也不是那个小姑娘了，现在已经是（　　　　）的明星了。

【答案】

①大富大贵　②大喊大叫　③大是大非　④大起大落　⑤大吃大喝　⑥大红大紫

大A其B

“大A其B”表示说话者从程度、规模角度对某事件进行夸大。“其”为代词。A为单音节动词，B为单音节名词。

【例释】

大张其词　表示大肆宣扬某种说法。

凡事不要大张其词，要谦虚。

大有其用　表示某个人或者事物有很大的用处。

这一产品，在日常生活中大有其用。

大放其心　表示非常放心。

虽然已经收到了钱，但是小明仍然不能大放其心。

大行其道　表示在很大范围内流行。

四十万元一张的高尔夫俱乐部会员证竟也在中国大行其道。

【语汇】

大曝其光　大补其阴　大乘其凉　大出其名　大倒其霉　大得其道
大得其益　大点其头　大丢其脸　大发其财　大发其火　大放其心
大光其火　大过其瘾　大耗其液　大获其利　大获其益　大尽其妙
大慷其慨　大溃其众　大牟其利　大上其当　大伸其手　大受其宠
大受其害　大受其惠　大受其益　大诉其苦　大谈其性　大兴其业
大行其道　大摇其头　大异其趣　大有其人　大有其用　大赞其功
大展其才　大展其功　大张其词　大涨其价　大赚其钱

【填空练习】

大获其利　大摇其头　大行其道　大骗其钱

① 先“闯”先“冒”一步，就会（　　　　）。

② 社会上“拜金主义”（　　　　），读书无用仍被许多人所信奉。

③ 许多骗子利用人们的善良（　　　　）。

④ 教师和主人先是（　　　　），汤姆的答案和他们的答案对不上。

【答案】

① 大获其利　② 大行其道　③ 大骗其钱　④ 大摇其头

大 A 特 A

“大 A 特 A”表示动作（A）的规模大、程度深或充分地、尽情地实施某一动作，带有夸张语气。A 为同一个单音节动词或形容词。

【例释】

大吵特吵　表示吵架吵得很厉害。

夫妻两个人在宴会结束以后，大吵特吵。

大错特错　表示错误很严重。

你要是觉得她是一个不可靠的人，你就大错特错了。

大改特改　表示大幅度修改。

你这个论文问题还有很多，你得大改特改。

大降特降 表示下降幅度大。

很多中国人预期，房价将来会大降特降。

【语汇】

大饱特饱	大变特变	大补特补	大唱特唱	大抄特抄	大吵特吵
大吃特吃	大错特错	大打特打	大跌特跌	大赌特赌	大反特反
大放特放	大疯特疯	大改特改	大搞特搞	大管特管	大花特花
大画特画	大积特积	大急特急	大加特加	大讲特讲	大降特降
大进特进	大聚特聚	大砍特砍	大看特看	大烤特烤	大哭特哭
大夸特夸	大捞特捞	大练特练	大聊特聊	大骂特骂	大闹特闹
大拍特拍	大喷特喷	大捧特捧	大抢特抢	大敲特敲	大杀特杀
大收特收	大输特输	大睡特睡	大说特说	大送特送	大贪特贪
大谈特谈	大跳特跳	大偷特偷	大涂特涂	大吐特吐	大脱特脱
大玩特玩	大旺特旺	大吸特吸	大洗特洗	大响特响	大想特想
大泻特泻	大谢特谢	大演特演	大养特养	大赢特赢	大用特用
大砸特砸	大糟特糟	大造特造	大增特增	大涨特涨	大抓特抓
大赚特赚	大醉特醉	大做特做			

【填空练习】

大补特补　大管特管　大谢特谢　大练特练

① 从国外回来之后，他身体不好，最近一直在（　　　　）。

② 我怎么会埋怨他呢，对他，我还要（　　　　）呢。

③ 他沉迷于书法，最近（　　　　）起来。

④ 对孩子，他一直放任自流，最近又（　　　　）。

【答案】

① 大补特补　② 大谢特谢　③ 大练特练　④ 大管特管

大为 A

“大为”是副词，表示程度深。“大为 A”表示某种性状程度深。A 为双音节形容词或动词。

【例释】

大为改观　表示变化非常大；指改变本来的看法、观感。

由于木质音箱坚固，箱体厚，音质大为改观。

大为高兴　表示非常高兴。

战斗胜利的消息传来，大家大为高兴，晚上要吃红烧肉！

大为吃惊　表示很吃惊。

这头灰鲸的出现让海洋生物学家大为吃惊。

大为赞赏　表示非常赞赏。

老师们看过之后大为赞赏，对学生的这种字体非常认可。

【语汇】

大为懊丧	大为不安	大为不快	大为不利	大为不满	大为不妙
大为不平	大为不同	大为不悦	大为诧异	大为吃惊	大为得意
大为愕然	大为反感	大为方便	大为愤慨	大为愤怒	大为丰富
大为改观	大为尴尬	大为感慨	大为高兴	大为高涨	大为光火
大为轰动	大为慌乱	大为惶恐	大为活跃	大为激动	大为降低
大为焦急	大为惊诧	大为惊愕	大为惊骇	大为惊慌	大为惊恐
大为惊奇	大为惊喜	大为惊讶	大为惊异	大为精进	大为沮丧
大为开阔	大为开心	大为可观	大为肯定	大为恐慌	大为宽心

大为困惑　大为狼狈　大为满意　大为难过　大为恼火　大为恼怒
大为气愤　大为气恼　大为轻松　大为扫兴　大为伤心　大为生气
大为失望　大为舒畅　大为提高　大为提升　大为头疼　大为头痛
大为惋惜　大为喜爱　大为欣慰　大为欣喜　大为兴奋　大为逊色
大为意外　大为有利　大为有益　大为赞赏　大为赞同　大为着急
大为震动　大为震撼　大为震惊　大为正常　大为重要

【填空练习】

大为高兴　大为惊奇　大为提升　大为惊诧

① 我从云南出差回来，给妈妈带了她最喜欢的蜡染工艺品，妈妈(　　　　)。

② 当我告诉他，我们的好朋友小李是个罪犯，他(　　　　)。

③ 小马跳槽到了一家国际知名的大公司，工资待遇(　　　　)。

④ 回国后，朋友们听见我用流利的汉语交流，(　　　　)。

【答案】

① 大为高兴　② 大为惊诧　③ 大为提升　④ 大为惊奇

大A小B

“大A小B”有两种情况：

❶ 表示所有的、多个事物。A、B为同一个名词或意义相近的

单音节名词。

【例释】

大街小巷　表示所有街道；多条道路。

中国举办亚运会的消息很快在大街小巷传开了。

大事小情　表示大大小小的事情。

家里的大事小情，都是我一个人操心。

大包小裹　表示大大小小的包裹，形容东西多。

走的时候，大包小裹，袋里装满了家的记忆。

【语汇】

大案小案　大帮小帮　大帮小会　大帮小派　大包小包　大包小裹
大包小捆　大包小提　大包小箱　大报小报　大病小病　大病小痛
大车小车　大车小辆　大城小市　大秤小斗　大橱小橱　大袋小袋
大店小铺　大兜小兜　大赌小赌　大恶小恶　大功小功　大柜小柜
大国小国　大过小过　大河小河　大会小会　大家小户　大街小巷
大节小节　大劫小劫　大卷小卷　大筐小筐　大路小岔　大难小难
大女小男　大瓶小罐　大善小善　大声小气　大事小情　大事小事
大提小提　大桶小桶　大头小尾　大箱小袋　大箱小箱　大雨小雨
大灾小难　大账小账　大珠小珠

❷ 表示性状程度高或动作规模大。A、B 为同一个动词或意义相近的单音节动词，“大 A”与“小 B”构成并列关系。此外，A、B 可为意义相对的单音节动词，A 为名词或动词，B 为动词，“大 A 小 B”表示事物在一方面程度高，在另一方面程度低。

【例释】

大同小异　表示大体相同，稍有差异。

许多武打影片的内容都是大同小异。

大惊小怪　表示对不值得奇怪的事情表现得过分慌张或吃惊。

这件事情没什么大惊小怪的，你不要再说了。

大材小用　表示大物用在小事上；使用不当。

你让张建国去负责这个项目，确实大材小用。

【语汇】

大帮小补	大蹦小跳	大病小治	大材小用	大裁小剪	大蹭小蹭
大吵小吵	大吵小闹	大吵小嚷	大喘小叫	大词小用	大跌小回
大斗小称	大放小扶	大分小合	大改小改	大搞小改	大官小做
大管小放	大吼小叫	大呼小喊	大呼小喝	大呼小吼	大呼小呼
大呼小叫	大计小用	大进小出	大惊小怪	大惊小叫	大聚小聚
大哭小喊	大哭小叫	大题小做	大同小异	大吆小喝	大涨小跌

【填空练习】

大材小用　大管小放　大会小会　大包小裹

① 他博士毕业以后，却来送快递，真是（　　　　）。

② 每次从老家回来，他总是提着（　　　　），满载而归。

③ 公务员也很忙，一天到晚（　　　　），事情没完没了。

④ 在孩子的教育上，父母应该（　　　　）。父母不能事事都替孩子做主。

【答案】

①大材小用　②大包小裹　③大会小会　④大管小放

大有 A

“大有 A”表示具有某种事物（抽象事物）或某种行为性状，且程度高。A 为双音节名词、动词或形容词，“大”是程度副词。

【例释】

大有原因 表示原因有很多。

这两个国家关系如此之好，大有原因。

大有希望 表示做成某件事的希望很大。

只要选好人才，我们的事业就大有希望。

大有长进 表示有很大的长进。

近日，张老师的书法大有长进。

【语汇】

大有爱心	大有奥秘	大有办法	大有帮助	大有奔头	大有必要
大有变化	大有补益	大有不便	大有不甘	大有不及	大有不满
大有不善	大有不同	大有才华	大有惭愧	大有差别	大有差距
大有差异	大有超越	大有成功	大有成绩	大有成就	大有成效
大有出路	大有出息	大有创意	大有春秋	大有促进	大有道理
大有敌意	大有发挥	大有发现	大有发展	大有反感	大有分歧
大有风险	大有封闭	大有福气	大有改变	大有改观	大有改进
大有改善	大有干系	大有感觉	大有感慨	大有感叹	大有感悟
大有干头	大有搞头	大有个性	大有根基	大有更改	大有工夫
大有功绩	大有功劳	大有功效	大有贡献	大有古怪	大有关联

大有关系　大有关注　大有规模　大有害处　大有含义　大有好处
大有好感　大有好转　大有怀疑　大有缓解　大有机关　大有机会
大有机缘　大有激化　大有价值　大有减轻　大有减少　大有见地
大有见识　大有建树　大有江湖　大有讲究　大有降低　大有交情
大有嚼头　大有教益　大有戒心　大有借鉴　大有进步　大有进境
大有进益　大有精进　大有精神　大有酒意　大有距离　大有开拓
大有看头　大有考证　大有可能　大有可疑　大有空间　大有恐惧
大有口福　大有扩大　大有扩散　大有来历　大有来头　大有乐趣
大有力量　大有利润　大有利益　大有联系　大有良心　大有灵性
大有领悟　大有漏洞　大有魅力　大有门路　大有面子　大有名气
大有名堂　大有名望　大有目的　大有耐心　大有耐性　大有难度
大有内情　大有内容　大有能力　大有能耐　大有能人　大有念头
大有扭转　大有盼望　大有破绽　大有蹊跷　大有歧异　大有启发
大有气势　大有气质　大有前程　大有前景　大有前途　大有乾坤
大有潜力　大有窍门　大有情绪　大有情意　大有情致　大有区别
大有曲折　大有趣味　大有权势　大有人才　大有上升　大有身份
大有深度　大有深意　大有神通　大有神效　大有渗透　大有升高
大有声名　大有声望　大有声威　大有声誉　大有诗意　大有实力
大有市场　大有收获　大有收敛　大有收益　大有水分　大有水准
大有睡意　大有说头　大有损害　大有所得　大有抬头　大有探究
大有特色　大有提高　大有提升　大有天地　大有甜头　大有挑战
大有同感　大有突破　大有推广　大有拓展　大有完善　大有危机
大有威力　大有维护　大有畏惧　大有问题　大有舞台　大有希望
大有喜色　大有侠气　大有下降　大有嫌疑　大有相干　大有想法
大有销路　大有效果　大有效益　大有心得　大有心机　大有心计
大有新意　大有信心　大有省悟　大有兴趣　大有兴味　大有兴致
大有玄机　大有玄妙　大有悬殊　大有学问　大有压力　大有研究
大有眼光　大有疑惑　大有疑问　大有意见　大有意趣　大有意味
大有意义　大有隐情　大有隐忧　大有影响　大有勇气　大有用场
大有用途　大有用意　大有优势　大有油水　大有余地　大有渊源
大有原故　大有原因　大有缘故　大有缘由　大有责备　大有责任
大有增多　大有增加　大有增进　大有增强　大有增长　大有章法
大有长进　大有哲理　大有指望　大有智慧　大有主张　大有助益

大有转变　大有转机　大有资格　大有自信　大有作用

【填空练习】

大有启发　大有变化　大有深意　大有个性　大有效果

① 据很多病人反馈，这种进口药物（　　　　）。

② 十年之后回到老家，我发现这里的人和这里的建筑道路（　　　　）。

③ 这个姑娘看起来温柔随和，其实（　　　　）。

④ 百度上的这些帖子对我的创作（　　　　）。

⑤ 他说的这些话，我觉得（　　　　）。

【答案】

①大有效果　②大有变化　③大有个性　④大有启发　⑤大有深意

得 A 且 A

"得 A 且 A"表示如果有 A 这个情况应可以接受和容忍。"得 A"和"且 A"构成条件关系。"得"表示"能够"，"且"表示"就"。此时说话人带有一种忍让的情感。A 为单音节动词或双音节动词、短语。

【例释】

得饶人处且饶人　指要体谅和宽容别人；也指做事不要做绝，

留有余地。

你们不要再逼迫他了，得饶人处且饶人吧！

得过且过 表示只要勉强过得去就这样过下去，没有长远打算；比喻工作不负责任，马马虎虎。

我们要积极面对生活，不能得过且过。

得乐且乐 表示能享受快乐时就享受。

生活和工作中，这些人不思进取，每日得乐且乐！

【语汇】

得成且成　得过且过　得混且混　得懒且懒　得捞且捞　得乐且乐
得蒙且蒙　得骗且骗　得饶且饶　得忍且忍　得行且行　得住且住

得放手且放手　得后退且后退　得快活且快活　得宽容且宽容
得宽限且宽限　得忍耐且忍耐　得忍受且忍受　得认输且认输
得伸手且伸手　得偷懒且偷懒　得逍遥且逍遥　得潇洒且潇洒
得休闲且休闲
得放手时且放手　得饶人处且饶人　得缩头时且缩头

【填空练习】

得过且过　得忍且忍　得饶人处且饶人　得放手时且放手

① 你已经逼他道歉了，(　　　　)吧！

② 你还会遇到更好的人，对于不爱你的人(　　　　)吧！

③ 王明遇到不公平的事情，总是(　　　　)。

④ (　　　　)是很消极的行为，我们要积极进取！

【答案】

① 得饶人处且饶人　② 得放手时且放手　③ 得忍且忍　④ 得过且过

得以 A

“得以 A”表达可以完成某一行为或目标。“得以”是动词，意思是“能够，可以”，“得以”不能单独使用，也没有否定式，其后可加入一些成分。A 为双音节动词，具有书面语色彩。

【例释】

得以实现　表示能够实现。

父母多年来的支持和帮助，使我多年的理想得以实现。

得以完成　表示能够完成。

此工作得以完成，主要归功于全体参与成员的全心付出和无私投入。

得以了解　表示能够了解。

老师的解释和仔细讲解使我们得以了解中国。

【语汇】

得以保留　得以保全　得以保证　得以撤回　得以成功　得以出版
得以发表　得以发挥　得以发现　得以返还　得以返回　得以改变
得以改善　得以关照　得以关注　得以好转　得以获取　得以解决
得以进步　得以进城　得以进入　得以考取　得以控制　得以了解
得以留存　得以面世　得以扭转　得以平反　得以痊愈　得以申报
得以申诉　得以释放　得以收复　得以收回　得以收治　得以受理
得以团聚　得以团圆　得以完成　得以完善　得以休息　得以修复

得以掌握　得以照顾　得以治疗　得以治愈

【填空练习】

得以返回　得以好转　得以考取　得以改变　得以留存

① 过了十几年，他的案件终于被查明了，最终（　　　）故乡。

② 经过半年多的治疗，他的病（　　　）。

③ 家长对小李的学业抓得很紧，他才（　　　）心仪的大学。

④ 在政府部门的帮助下，这些残疾人的命运（　　　），过上自强、自立、幸福的生活。

⑤ 政府部门对历史建筑进行挂牌保护，使得城乡文化"活的记忆"（　　　）。

【答案】

①得以返回　②得以好转　③得以考取　④得以改变　⑤得以留存

东A西B

"东A西B"有两种情况：

❶表示到处（各个方向）或为达到某个目的而采取某一行为。A、B为单音节动词。

【例释】

东奔西走 表示到处奔走或为达到某个目的到处活动。

这些日子，他为建工厂东奔西走，人瘦了一圈了。

东张西望 表示四处看。

他在人群中东张西望，想看看那个漂亮的姑娘来了没有。

东躲西藏 表示到处躲藏。

她东躲西藏，躲避着讨债的人。

❷ 表示胡乱或随便、到处采取某一行为，A、B 是“一量名”或“一 V 或 VV 重叠式”短语。

【例释】

东一榔头，西一棒槌 比喻做事缺少全局观念，没有计划，没有明确的方向或目标。

他说话东一榔头，西一棒槌，说了半天也没说出个道理来。

东一闪西一躲 表示到处躲避。

他跟敌人交战时，东一闪西一躲，就是不还手。

【语汇】

东扒西翻	东扒西找	东摆西摇	东拜西拜	东搬西凑	东搬西拣
东搬西移	东搬西运	东播西流	东捕西捉	东猜西揣	东操西练
东插西插	东查西查	东查西访	东查西问	东查西找	东拆西拆
东拆西借	东拆西挪	东抄西搬	东抄西编	东抄西抄	东抄西扯
东抄西剽	东抄西袭	东抄西摘	东扯西掰	东扯西指	东扯西拽
东吃西逛	东驰西击	东冲西闯	东冲西扑	东冲西突	东抽西打
东瞅西看	东戳西刺	东凑西凑	东凑西挪	东窜西跑	东蹿西跳
东搓西揉	东搭西扯	东搭西凑	东打西敲	东打西杀	东打西捅
东打西撞	东挡西截	东挡西杀	东挡西推	东捣西戳	东倒西躺
东倒西歪	东倒西摇	东倒西撞	东丢西扔	东丢西塞	东堵西截

东夺西掠　东躲西藏　东躲西跑　东躲西闪　东躲西逃　东伐西讨
东搞西搞　东格西挡　东勾西搭　东勾西挂　东刮西撬　东挂西扯
东挂西悬　东拐西窜　东拐西斜　东拐西转　东喊西叫　东哄西骗
东划西割　东划西扭　东划西劈　东晃西逛　东捡西捡　东捡西拾
东借西凑　东借西借　东掘西挖　东抠西凑　东扣西减　东诓西骗
东拉西抄　东拉西扯　东拉西串　东拉西凑　东拉西接　东拉西牵
东拉西拽　东拦西截　东拦西遮　东捞西拿　东捞西抓　东抡西打
东买西买　东买西淘　东忙西搞　东摸西搞　东摸西晃　东摸西扣
东摸西拉　东摸西拿　东摸西捻　东摸西瞧　东摸西探　东摸西问
东摸西抓　东摸西转　东抹西拐　东拿西放　东拿西抓　东挠西抓
东扭西拐　东扭西晃　东扭西捏　东扭西提　东扭西转　东挪西搬
东挪西补　东挪西拆　东挪西扯　东挪西撮　东挪西闪　东挪西租
东拍西扯　东拍西打　东拍西照　东跑西奔　东跑西颠　东劈西打
东拼西补　东拼西凑　东拼西改　东拼西杀　东扑西打　东扑西跌
东扑西救　东扑西杀　东扑西找　东扑西抓　东扑西撞　东迁西徙
东抢西掠　东敲西打　东敲西摸　东求西告　东求西借　东求西求
东取西撮　东嚷西叫　东扫西打　东扫西瞄　东删西减　东拾西捡
东搜西扒　东搜西翻　东搜西搜　东搜西寻　东探西闪　东探西听
东探西寻　东掏西摸　东挑西挂　东挑西剔　东推西挡　东推西让
东推西掩　东推西撞　东挖西掘　东挖西寻　东挖西找　东弯西绕
东弯西转　东嗅西嗅　东寻西顾　东寻西求　东寻西问　东寻西嗅
东寻西找　东仰西歪　东摇西摆　东摇西闯　东摇西倒　东摇西晃
东摇西扫　东摇西斜　东摇西撞　东咬西抓　东引西拓　东游西逛
东攒西借　东摘西凑　东占西补　东张西望　东找西查　东找西抄
东找西凑　东找西访　东找西借　东找西看　东找西摸　东找西望
东找西寻　东折西拐　东征西奔　东征西闯　东征西伐　东征西剿
东征西进　东征西掠　东征西讨　东征西引　东征西怨　东征西战
东挣西窜　东指西顾　东指西划　东抓西扒　东抓西凑　东抓西丢
东抓西放　东抓西摸　东抓西搔　东抓西抓　东抓西拽　东撞西奔
东撞西闯　东撞西倒　东钻西窜
东抱抱西抱抱　东擦擦西拖拖　东尝尝西尝尝　东撩撩西拨拨
东摸摸西蹭蹭　东摸摸西搞搞　东摸摸西看看　东摸摸西抹抹

东摸摸西捏捏　东摸摸西探探　东摸摸西抓抓　东拾掇西拾掇
东掏掏西挖挖　东写写西画画　东修修西补补　东嗅嗅西踩踩
东一出西一出　东一群西一堆　东一闪西一闪　东一下西一下
东插一脚西插一脚　东咬一口西咬一口　东一榔头，西一棒槌

【填空练习】

东瞧西看　东找西凑　东写西画　东拉西扯　东躲西藏　东挪西借

① 他们（　　　　），总算凑齐了两万元。

② 总有一些人在厕所的墙上、门上（　　　　）。

③ 考试的时候自己看自己的卷子，不要（　　　　）。

④ 演讲应该有主题，不能（　　　　）。

⑤ 为了躲避法律的制裁，他十几年来一直（　　　　）。

⑥ 李教授一看这篇文章就知道是学生（　　　　）的，所以给了他 0 分。

【答案】

① 东 挪 西 借　② 东 写 西 画　③ 东 瞧 西 看　④ 东 拉 西 扯　⑤ 东 躲 西 藏　⑥　东 找 西 凑

A 东 B 西

“A 东 B 西”表示动作行为多次重复。A、B 为相同或意义相近的单音节动词。

【例释】

缺东少西 表示缺少东西，不完备、短缺。

我没想到一个国家从缺卡车司机开始，就进入了缺东少西的死循环。

忘东忘西 表示忘记了很多事情；形容记忆力差。

进入 40 岁以后，她的记忆力明显下降，总是忘东忘西。

扯东扯西 表示没有中心地随意说。

这几个闲人凑到一起就会扯东扯西，用老百姓的话，叫扯闲篇儿。

【语汇】

搬东搬西	搬东挪西	猜东猜西	藏东藏西	查东查西	查东找西
拆东拆西	缠东缠西	扯东扯西	扯东道西	扯东说西	吹东捧西
递东递西	丢东丢西	丢东落西	躲东藏西	防东防西	搞东搞西
顾东顾西	怪东怪西	管东管西	逛东逛西	借东补西	借东贷西
靠东求西	聊东聊西	骂东骂西	骂东怨西	瞒东瞒西	忙东忙西
摸东摸西	拿东拿西	念东念西	弄东弄西	爬东爬西	怕东怕西
跑东跑西	跑东走西	评东论西	牵东缠西	抢东抢西	求东告西
缺东缺西	缺东少西	审东问西	声东敲西	摔东骂西	摔东扔西
摔东砸西	说东扯西	说东道西	说东话西	说东讲西	说东说西
说东谈西	说东指西	送东送西	谈东论西	挑东拣西	挑东剔西
挑东挑西	挖东补西	忘东忘西	问东问西	嫌东挑西	嫌东嫌西
想东想西	要东要西	怨东怨西	砸东捣西	找东找西	指东指西
抓东抓西	走东串西				

【填空练习】

摸东摸西　缺东少西　忘东忘西　忙东忙西　管东管西　问东问西

① 这里是山区，(　　　　)，什么都不方便。

② 老师告诉同学要多问一些与学习有关的事情，不要总是(　　　　)。

③　“少（　　　　），管好你自己。”妈妈严厉地对我说。

④　人上了年纪，有时（　　　　）的。所有人都会这样的。

⑤　我每天都很忙碌，但总觉得自己（　　　　），什么也没有做。

⑥　这是人家的家，别（　　　　）的，碰坏了不好。

【答案】

①缺东少西　②问东问西　③管东管西　④忘东忘西　⑤忙东忙西　⑥摸东摸西

多A多B

“多A多B”表示事物或行为数量多。通常用于客观陈述某种事实，也可表达说话人的期望和建议。A、B为意义相近或相关的动词、名词，A、B既可以是单音节的，也可以是双音节的。

【例释】

多才多艺　表示具有多方面的才能和技艺。

小姑娘真的是多才多艺。

多嘴多舌　表示话说得太多，形容逞能或说了不该说的话。

人家两口子的事情，你们不要多嘴多舌。

多听多看　表示要多听取别人的意见和经验，多看一些有用的信息和知识。

要写好作文，就要学好语文，多听多看。

多灾多难 表示灾难深重，经常发生天灾人祸。

屈原很知道民间的疾苦，看到人民生活得多灾多难，他经常叹息，甚至于流眼泪。

多读书多看报 表示多读书多看报纸。

我们平时也得多读书多看报。

【语汇】

多才多色 多才多艺 多吃多睡 多愁多病 多愁多恨 多创多收
多存多贷 多得多患 多读多看 多读多写 多风多雨 多福多寿
多见多识 多见多闻 多看多学 多看多做 多劳多得 多料多味
多梦多疑 多磨多难 多能多艺 多情多感 多入多花 多手多脚
多说多道 多说多问 多说多做 多思多问 多痰多热 多听多练
多投多试 多言多语 多盐多糖 多因多果 多忧多虑 多灾多病
多灾多祸 多灾多难 多知多懂 多种多样 多姿多彩 多子多孙
多走多看 多嘴多舌

多读书多看报 多关注多转发 多睡觉多休息 多运动多排汗

【填空练习】

多听多看 多病多灾 多山多水 多读书多看报

① 欢迎你们今后多来我们这儿走一走，（ ），充分交流，多交朋友。

② 新区（ ），生态优美，有江河湖海和延绵数百公里的海岸线。

③ 请你（ ），少吃零食多睡觉。

④ 我小时候（ ），常常莫名其妙地生病。

【答案】

① 多听多看 ② 多山多水 ③ 多读书多看报 ④ 多病多灾

多A少B

“多A少B”表示某一行为数量多、规模大；另一行为数量少、规模小。“多A”与“少B”是并列关系。A、B多为单音节、双音节动词，也可以是单音节形容词。

【例释】

多干少说 表示多干活少说话。

你刚参加工作，应该多干少说，给领导留个好印象！

多奖少罚 表示多给奖励，少给惩罚。

教育孩子，最好是多奖少罚。

多肥少瘦 表示肥肉多，瘦肉少。

做红烧肉，需要肉有肥有瘦，多肥少瘦。

多存少贷 表示多存钱少贷款。

平常过日子，要多存少贷，不能总想着花明天的钱。

多倾听少插嘴 表示多认真听别人说话，少打断别人的话。

跟长辈们说话的时候，多倾听少插嘴。

【语汇】

多产少卖　多存少贷　多动少吃　多动少静　多动少停　多动少坐
多肥少瘦　多干少吃　多干少说　多干少算　多黑少白　多奖少罚
多奖少赔　多进少出　多绿少红　多买少报　多买少用　多卖少养
多慢少快　多勤少懒　多取少补　多取少留　多取少用　多去少回

多听少讲　多听少说　多听少问　多卧少立　多卧少起　多写少读
多学少评　多占少用　多征少用　多做少吃　多做少说　多做少问
多做少赚

多吃少开口　多吃少说话　多听少插嘴　多听少说话　多运动少玩

多办事少花钱　多点头少说话　多读书少看报　多读书少睡觉
多服务少设卡　多付出少期待　多鼓励少责备　多关心少批评
多观察少动手　多观察少说话　多肯定少否定　多倾听少插嘴
多学习少聊天

【填空练习】

多服务少设卡　多学习少聊天　多干少说　多付出少期待　多肯定少否定

① 刚到一个工作岗位，(　　　　　)。

② 正是读书的时候，不能总想着玩儿，应该（　　　　　）。

③ 高速公路上应该（　　　　　），更多为司机着想。

④ 对于自己的孩子（　　　　　），养孩子不是为了回报。

⑤ 孩子小时候多一些鼓励更好，对孩子（　　　　　）。

【答案】

① 多干少说　② 多学习少聊天　③ 多服务少设卡　④ 多付出少期待　⑤ 多肯定少否定

A多B少

“A多B少”表示描述某种情况、事物或行为数量的多少。A、B多为意义相反或相关的单音节动词、名词、形容词。

【例释】

僧多粥少　表示和尚多，而供和尚喝的粥少；比喻物少人多，不够分配。

建筑市场“僧多粥少”、供过于求，导致了过度竞争甚至是恶意竞争。

凶多吉少　表示估计事态的发展趋势不妙，凶害多，吉利少。

孩子丢了10天了，还没有消息，可能凶多吉少。

离多聚少　离别时间多，相聚时间少。

命运仿佛对我们一家做了特殊的安排，让我们过着离多聚少的日子。

【语汇】

褒多贬少	弊多利少	兵多船少	菜多肉少	车多路少	抽多补少
出多入少	得多失少	地多人少	肥多瘦少	沟多水少	官多兵少
害多利少	害多益少	黑多白少	花多果少	酒多糟少	旧多新少
开多合少	苦多乐少	苦多甜少	狼多肉少	离多聚少	乱多治少
男多女少	穷多富少	取多予少	热多寒少	人多房少	僧多粥少
山多材少	山多地少	山多田少	善多恶少	升多降少	胜多负少

收多付少　死多活少　田多丁少　凶多吉少　虚多实少　赢多输少
涨多跌少　争多论少　昼多夜少　赚多赔少　嘴多粮少

【填空练习】

凶多吉少　憎多粥少　离多聚少　输多赢少

① 夫妻长期两地分居，结婚十几年来总是（　　　　）。

② 她知道这一去（　　　　），心中害怕。

③ 很遗憾输了，开局没打好，本赛季（　　　　），下赛季再来过吧。

④ 目前劳动力需求数量不多，但应聘者众多，呈现（　　　　）的局面。

【答案】

① 离多聚少　② 凶多吉少　③ 输多赢少　④ 僧多粥少

E

A儿B女

“A儿B女”表示对子女做出某种行为。A、B为语义相近的单音节动词。有时，A、B也可为同一个词。

【例释】

谈儿论女　表示谈论儿女的事情。

父母们在一起，大多喜欢谈儿论女。

鬻儿卖女　表示生活没有依靠而被迫卖掉自己的儿女。

饥荒年代，人们鬻儿卖女，民不聊生。

生儿育女　表示生育子女。

从这个角度来说，生儿育女不再是一种牺牲、付出，而是一种神圣的特权。

【语汇】

抱儿带女	抱儿牵女	背儿抱女	扯儿牵女	担儿携女	多儿多女
呼儿叫女	卖儿贩女	卖儿卖女	卖儿鬻女	没儿没女	牵儿带女
牵儿携女	生儿添女	生儿育女	思儿念女	谈儿论女	提儿携女
拖儿抱女	拖儿带女	拖儿拎女	无儿无女	携儿抱女	携儿带女
携儿扶女	携儿挎女	携儿拉女	携儿拖女	养儿思女	养儿育女

【填空练习】

扶儿携女　生儿添女　思儿念女　生儿育女

① 战争发生后，人们不得不（　　　　），逃离家乡。

② （　　　　）不光是女人的责任，也是男人的责任。

③ 爷爷奶奶一直催促小夫妻赶紧（　　　　）。

④ 我时常想起我那艰苦活命又（　　　　）的父亲。

【答案】

① 扶儿携女　② 生儿育女　③ 生儿添女　④ 思儿念女

A而不B

A、B两种行为之间具有修饰关系时，“A而不B”表示A行为是B行为的伴随动作或方式；A、B两种行为之间具有转折关系时，“A而不B”表示有A行为但没有B行为。A、B为意义相反或相对的单音节动词、形容词。

【例释】

笑而不语　表示自己心里明白而不愿意说出来，只通过微笑的表情表达出来。

痛而不言　表示痛苦而不说出来。

人生有两种境界，痛而不言，笑而不语。

锲而不舍　表示不断地镂刻；比喻有恒心，有毅力。

学习一门外语，应该持之以恒，锲而不舍。

华而不实 表示花开得好看，但不结果实；比喻中看不中用。

少说空话，多干实事，反对华而不实。

视而不见，听而不闻 表示看见了同没有看见一样，听见了同没有听见一样；形容不重视，不注意。

对于今天这事，他视而不见，听而不闻。

【语汇】

哀而不伤 爱而不得 备而不用 避而不见 避而不谈 博而不精
藏而不露 存而不论 存而不用 大而不粗 斗而不破 断而不蹶
肥而不腻 分而不离 浮而不实 攻而不克 恭而不顺 购而不用
含而不露 和而不同 华而不实 货而不售 建而不用 娇而不俗
来而不往 劳而不获 老而不衰 老而不死 买而不用 满而不溢
秘而不宣 苗而不秀 浓而不烈 聘而不用 启而不发 弃而不用
锲而不舍 清而不淡 清而不寒 圈而不用 群而不党 食而不化
视而不见 疏而不漏 述而不作 死而不僵 死而不朽 甜而不腻
听而不闻 痛而不语 威而不猛 温而不热 习而不察 笑而不答
笑而不语 信而不迷 秀而不媚 秀而不实 蓄而不用 悬而不决
学而不思 学而不厌 学而不用 艳而不俗 引而不发 油而不滑
游而不击 占而不用 征而不用 知而不争 置而不问 抓而不紧
租而不用

【填空练习】

笑而不语 视而不见 避而不谈 和而不同 肥而不腻

① 他们如此胡作非为，我岂能（　　　　）？

② 他说话做事非常严谨，不论别人说什么都（　　　　）。

③ 我们提倡朋友之间（　　　　），相帮共勉，一起进步。

④ 他老是谈一些不关紧要的事，正事却（　　　　）。

⑤ 这东坡肉味道很好，（　　　　）。

【答案】

①视而不见 ②笑而不语 ③和而不同 ④避而不谈 ⑤肥而不腻

A而又B

“A而又B”表示性状程度高（A、B相同）或兼有两种性质（A、B不同）。A、B为单音节形容词或双音节形容词。

【例释】

细而又细 表示非常细致。 **精而又精** 表示非常精准。

张老师以细而又细、精而又精的工作态度获得了所有同事的认可。

严而又严 表示非常严。**实而又实** 表示非常实在。

深而又深 表示非常深入。

广州市政府提出防控“十条措施”，突出“严而又严、实而又实、细而又细、深而又深”要求，加强儿童福利机构疫情防控工作。

纯而又纯 表示非常纯。

这些科学家这些年来一直致力于建立不受人类活动影响的、纯而又纯的自然保护区。

机灵而又勇敢 表示又机灵又勇敢。

小伙子机灵而又勇敢，颇受领导重视。

【语汇】

纯而又纯　精而又精　深而又深　慎而又慎　实而又实　碎而又碎
细而又细　玄而又玄　严而又严　杂而又杂　直而又直　准而又准

诚实而又善良　大方而又热情　动人而又震撼　规范而又清晰
机灵而又勇敢　艰辛而又壮丽　简单而又自然　可爱而又诱人
美丽而又大方　认真而又努力　善良而又大方　舒缓而又起伏
熟悉而又亲切　体贴而又幽默　调皮而又可爱　温柔而又贤惠
鲜明而又生动　严肃而又坚定　勇敢而又坚强　仔细而又审慎

【填空练习】

慎而又慎　温柔而又贤惠　机灵而又勇敢　玄而又玄

① 小伙子（　　　　），最终设法帮助女孩脱离困境。

② 对于有关国计民生这样的大事，改革必须（　　　　）。

③ 中医导引术并不神秘，就在我们的生活之中，却被人为制造成了（　　　　）的状态。

④ 每个男人都希望自己能够找一个（　　　　）的老婆。

【答案】

① 机灵而又勇敢　② 慎而又慎　③ 玄而又玄　④ 温柔而又贤惠

F

非A不B

“非A不B”表示说话人主观上认为或客观条件决定某动作或动作涉及的对象是“必须”的或“必然”的。“非A不B”的意思是“一定要A才可以B”。运用双重否定表示肯定。A为动词（短语）、名词或代词，B为单音节动词。

【例释】

非吃不可　表示一定要吃。

盐，是人们非吃不可的。

非打他不可　表示一定要打他。

这个孩子这样胡闹，我非打他不可。

非输不可　表示一定会输。

千万别和他斗嘴，你跟他斗嘴，你非输不可。

非亲子不传　表示不是亲儿子就不传授。

这门武术，非亲子不传。

【语汇】

非吵不可　非吃不可　非穿不可　非倒不可　非盖不可　非告不可
非给不可　非关不可　非管不可　非教不可　非进不可　非开不可

非考不可　非烤不可　非来不可　非买不可　非亲不传　非请不可
非去不可　非烧不可　非输不可　非说不可　非死不可　非他不嫁
非他不可　非他不行　非她不娶　非写不可　非要不行　非赢不可
非做不可

非吵架不可　非答应不可　非打他不可　非动手不可　非罚款不可
非分手不可　非回家不可　非解决不可　非今天不可　非离婚不可
非明天不可　非那里不可　非亲子不传　非投降不可　非小李不可

【改写练习】选择“非 A 不 B”格式，改写句子中画线部分

非考不可　非子不传　非她不可　非请老师不可　非她不娶　非他不嫁

①　我们下周结婚，父母认为我们一定要请老师来。

②　这一类题很重要，每次考试，一定要考。

③　要解决这件事情，一定要请她出面。

④　这门武功是祖传绝技，不能传给外人，不会传给女儿，只会传给儿子。

⑤　他们两个海誓山盟，两个人相约，男孩儿只和这个女孩儿结婚；女孩儿只和这个男孩儿结婚。

【答案】

①非请老师不可　②非考不可　③非她不可　④非子不传　⑤非她不娶；非他不嫁

非A非B

“非”表示否定，“非A非B”表示“既不…也不…”，事物同时满足“非A”与“非B”两个条件。A、B为单音节名词或形容词。

【例释】

非黑非白 表示既不黑也不白。

流行色恰恰以它非黑非白、非此非彼的色彩悄悄散发着魅力。

非亲非故 表示既不是亲属，也不是熟人；形容彼此间毫无关系。

周铁男说：“虽然我与周总理同姓，但是非亲非故。”

非年非节 表示既不是年，也不是节日。

天天都在过圣诞节，怎么忍受得了平常的非年非节的岁月。

【语汇】

非长非短	非虫非鸟	非此非彼	非大非小	非党非团	非刀非剑
非敌非友	非方非圆	非佛非道	非歌非舞	非公非私	非官非民
非好非坏	非黑非白	非红非绿	非黄非青	非急非缓	非节非假
非蓝非灰	非冷非热	非驴非马	非绿非蓝	非梦非幻	非你非我
非年非节	非牛非马	非亲非故	非亲非戚	非人非魔	非软非硬
非色非空	非善非恶	非神非佛	非丝非麻	非甜非咸	非铁非钢
非铁非玉	非铜非铁	非心非佛	非烟非雾	非阴非阳	非银非金
非鱼非肉	非雨非雾	非真非假	非真非妄	非珠非宝	非篆非隶

【填空练习】

非绿非蓝　非亲非故　非甜非咸　非驴非马

① 她的画（　　　　），既不是国画，也不是油画，喜欢的人不多。

② 他与我（　　　　），却在我最困难的时候伸出援手，我感激不尽。

③ 这片湖泊的水色（　　　　），既不透明，也不发黄。

④ 瓜子有一种（　　　　）的香味，能引逗人不断地吃。

【答案】

① 非驴非马　② 非亲非故　③ 非绿非蓝　④ 非甜非咸

非A即B

“非A即B”的语义与“不是A就是B”相同。A、B是两种选择或情况，“非A即B”表示只能从A、B两种选择中择一个；也表示A、B两种情况很多见。A、B多为单音节动词、形容词或名词，也可以是双音节名词。

【例释】

非死即活　表示“死”和“活”只存在一种情况。

关于生命只有两种可能，非死即活，而在薛定谔实验中的猫有了第三种状态，既死又活。

非黑即白　表示不是黑的就是白的，中间没有任何模糊地带。

别让思维落入二元论，别认为世间事非黑即白。

非升即走 表示升职和离开两者选一。

大学有一种聘任制度"非升即走"：聘期没有完成合同的目标，下一个聘期就不再聘用。

非达官即显贵 不是高官就是贵族（社会地位高的人）。

你知道人家交往的是谁？非达官即显贵。

【语汇】

非爱即恨　非冰即雪　非草即树　非长即短　非吃即睡　非打即骂
非刀即箭　非疯即狂　非福即祸　非高即低　非高即偏　非歌即舞
非攻即守　非攻即受　非官即商　非鬼即怪　非旱即涝　非好即坏
非黑即白　非黑即灰　非黑即蓝　非黑即紫　非红即白　非红即黑
非红即蓝　非红即紫　非灰即白　非假即恶　非宽即严　非懒即笨
非懒即馋　非老即病　非老即残　非老即丑　非老即弱　非冷即热
非马即牛　非猫即狗　非浓即淡　非平即负　非平即胜　非抢即偷
非缺即残　非瘸即伤　非傻即呆　非傻即疯　非山即楼　非山即水
非伤即残　非神即鬼　非升即走　非生即死　非死即残　非死即疯
非死即叛　非死即傻　非死即伤　非死即胜　非死即降　非死即走
非碎即裂　非贪即妒　非甜即咸　非雾即雨　非消即散　非鱼即肉

非达官即显贵　非宋词即元曲　非唐诗即宋词　非天堂即地狱
非王公即贵族

【填空练习】

非打即骂　非神即鬼　非偷即抢　非好即坏　非黑即白
非唐诗即宋词

① 未经别人允许就拿别人的东西，则是（　　　　）。

② 恐怖电影主角往往（　　　　），很多有不死之身，甚至有的无影无形，让人防不胜防。

③ 世界的现实是，任何人和事都是复杂的，不能简单地用（　　　　）去概括和评价。

④ 有些父母对孩子（　　　　），用这种十分严格的教育方式来对待孩子。

⑤ 当今社会，看问题不能（　　　　），这是思维误区。

⑥ 他痴迷古诗词，每天（　　　　），背诵了不少。

【答案】

① 非偷即抢 ② 非神即鬼 ③ 非好即坏 ④ 非打即骂 ⑤ 非黑即白 / 非好即坏 ⑥ 非唐诗即宋词

风 A 浪 B

“风 A 浪 B”表示风浪的某种动态，比喻严峻的形势或事物发展变化的态势或人与事物所处的（动荡或平稳）状态。A、B 为单音节动词、形容词。

【例释】

风平浪静 表示没有风浪，水面很平静；比喻平静无事。

大海之上看起来风平浪静，但实际上水面之下波涛汹涌，暗潮涌动。

风吹浪打 表示遇到风和浪涛的吹打；比喻承受磨难和艰险。

温室内长大的孩子，经不住风吹浪打。

风平浪收 表示风停浪静，无风无浪。

水天相连的中国东海，风平浪收。

【语汇】

风吹浪打　风吹浪倒　风吹浪起　风吹浪掀　风吹浪涌　风打浪涌
风大浪高　风飞浪涌　风高浪恶　风高浪激　风高浪急　风高浪紧
风高浪险　风高浪涌　风鼓浪涌　风号浪吼　风吼浪嚎　风呼浪啸
风激浪涌　风急浪大　风急浪恶　风急浪涌　风紧浪急　风静浪谧
风静浪恬　风卷浪翻　风卷浪袭　风狂浪大　风狂浪恶　风狂浪急
风狂浪猛　风狂浪涌　风猛浪大　风猛浪高　风飘浪涌　风平浪静
风平浪收　风平浪稳　风起浪翻　风起浪吼　风起浪涌　风推浪涌
风掀浪鼓　风小浪低　风啸浪急　风啸浪涌　风硬浪急　风止浪平

【填空练习】

风平浪静　风吹浪打　风急浪高　风号浪吼　风平浪稳

① 海面上（　　　　），大船上下颠簸，险象环生。

② 今天是个航行的好天气，海面上（　　　　）。

③ 这座大桥经过了上百年的（　　　　），现在依然完好。

④ 每当台风来临的时候，那（　　　　）的阵势，真叫人害怕。

⑤ 人的一生平平安安，（　　　　），就是最大的福分。

【答案】

①风急浪高　②风平浪静/风平浪稳　③风吹浪打　④风号浪吼　⑤风平浪静

A风B浪

“风浪”指水面上的风和波浪，常用来比喻艰险的遭遇或斗争的环境。“A 风 B 浪”分两种情况：

❶ 表示有无艰险的遭遇或采取某种与风浪（及其比喻义）相关的动作。A、B 为意义相近的单音节动词。

【例释】

乘风破浪　表示船只乘着风势破浪前进；形容发展迅猛。

轮船在乘风破浪，汽车在原野上奔驰。

兴风作浪　比喻煽动情绪，挑起事端。

这当中的少数人一旦兴风作浪，搞起事情来，我们几十年的劳动成果就没了。

【语汇】

搏风击浪	长风鼓浪	乘风击浪	乘风破浪	乘风踏浪	乘风推浪
冲风破浪	穿风踏浪	翻风掀浪	呼风推浪	夹风带浪	见风起浪
见风涨浪	抗风抗浪	冒风顶浪	没风没浪	没风起浪	逆风顶浪
劈风斩浪	破风闯浪	随风逐浪	踏风踩浪	无风起浪	无风兴浪
无风作浪	掀风播浪	掀风翻浪	掀风鼓浪	掀风作浪	挟风裹浪
挟风激浪	兴风鼓浪	兴风起浪	兴风作浪	迎风斩浪	战风踏浪

❷ 描述风浪的猛烈程度；比喻困难或挫折的程度或某种艰险情况的程度等，带有夸张的意味。A、B 为意义相近的单音节形容词。

【例释】

狂风巨浪 表示来势迅猛或有巨大的变化。

打鱼的人要经得起狂风巨浪，打猎的人不怕虎豹豺狼。

大风大浪 指巨大的风浪；比喻社会的大动荡、大变化。

我们这个家，再经不起大风大浪了。

【语汇】

大风大浪	恶风狂浪	愤风惊浪	黑风高浪	黑风黑浪	横风横浪
红风黑浪	疾风恶浪	惊风骇浪	飓风急浪	狂风大浪	狂风恶浪
狂风骇浪	狂风巨浪	逆风恶浪	平风平浪	咸风咸浪	艳风高浪

【填空练习】

狂风骇浪　兴风作浪　大风大浪　乘风破浪

① 这帮坏家伙一有机会就（　　　　），让人痛恨！

② 听到那个令人震惊的消息，小李的内心瞬间掀起了（　　　　）。

③ 这三人生平不知遇到过多少（　　　　），每次都能转危为安，这点小困难根本难不倒他们。

④ 在人生的海洋上，驾着船（　　　　）地驶向不可知的未来。

【答案】

① 兴风作浪　② 狂风骇浪　③ 大风大浪　④ 乘风破浪

风A雨B

“风A雨B”表示风雨的某种动态，比喻形势或事物发展变化的态势或人与事物所处的（动荡或平稳的）状态。A、B为单音节动词、形容词。

【例释】

风吹雨打 表示遭受风雨的袭击；比喻遭受挫折、磨难或遇到考验。

任凭风吹雨打，也阻挡不了植物的顽强生长。

风静雨止 表示风雨都停止了。

库尔勒市经历一场大暴雨，日落时终于风静雨止。

风狂雨急 表示风雨猛烈；比喻局势严峻。

7月31日晚，风狂雨急，黑云压城，江面风狂浪急。

风吹雨淋 表示被风吹，被雨浇湿；比喻经受磨炼或考验。

如果你选择骑电动车，一定要考虑冬天寒风刺骨、夏季风吹雨淋。

【语汇】

风闯雨斩 风吹雨冲 风吹雨打 风吹雨降 风吹雨淋 风吹雨落
风吹雨弄 风吹雨入 风吹雨刷 风吹雨袭 风催雨送 风打雨淋
风定雨止 风歌雨吟 风刮雨淋 风横雨狂 风横雨去 风急雨催
风急雨大 风急雨密 风紧雨大 风紧雨急 风劲雨急 风劲雨落

风静雨停　风静雨止　风聚雨乍　风哭雨号　风狂雨大　风狂雨荡
风狂雨急　风狂雨烈　风狂雨猛　风狂雨泼　风狂雨啸　风来雨去
风来雨往　风漏雨满　风猛雨大　风猛雨急　风猛雨密　风密雨走
风飘雨洒　风飘雨摇　风平雨停　风平雨止　风起雨降　风起雨飘
风起雨止　风侵雨蚀　风轻雨停　风轻雨细　风柔雨润　风散雨收
风撕雨打　风调雨顺　风停雨收　风停雨歇　风停雨止　风停雨住
风推雨移　风香雨甜　风啸雨嚎　风啸雨吼　风歇雨止　风摇雨坠
风引雨入　风怨雨翻　风止雨熄

【填空练习】

风止雨停　风侵雨蚀　风狂雨大　风吹雨淋

①　山上的红杜鹃任凭（　　　　），始终朝着太阳升起的地方，年复一年地怒放着。

②　车子停在外面，天天（　　　　），车身的烤漆已有点剥落了。

③　到了傍晚，（　　　　），天边挂着一道彩虹。

④　台风袭来，（　　　　），岛内多地出现淹水警情。

【答案】

①风吹雨淋　②风侵雨蚀　③风止雨停　④风狂雨大

A 风 B 雨

“A 风 B 雨”的“风、雨”本来是自然的天气，多比喻生活中的困难或严峻的局势、形势。A、B 为单音节动词、形容词。分两种情况：

❶ 表示有（或无）艰险遭遇，或采取某种（与风雨相关的）动作。A、B 为意义相近的单音节动词。

【例释】

顶风冒雨 表示顶着风雨前进；比喻不顾恶劣的境遇。

新市长顶风冒雨查看河道的危险路段，布置抢险工作。

呼风唤雨 表示神仙道士能使风和雨都听他的法术；比喻具有能够支配自然或社会的力量。

这些企业家有呼风唤雨的本事。

【语汇】

餐风宿雨 穿风漏雨 穿风破雨 打风横雨 顶风冒雨 灌风漏雨
呼风唤雨 呼风施雨 呼风挟雨 夹风裹雨 见风施雨 进风漏雨
看风听雨 抗风抗雨 拦风遮雨 没风没雨 泼风洒雨 缺风少雨
闪风躲雨 渗风漏雨 撕风剪雨 听风赏雨 听风听雨 听风问雨
无风少雨 吸风汲雨 挟风携雨 携风带雨 兴风作雨 行风布雨
遇风遭雨

❷ 描述风浪的状态；比喻困难或挫折的程度或某种艰险情况的程度等，带有夸张的意味。A、B 为意义相近的单音节形容词。

【例释】

斜风细雨 表示微风夹着毛毛雨的天气；形容烟雨迷蒙的景色。

江南的美就是阴雨绵绵，江南的韵就是斜风细雨。

腥风血雨 表示风里有腥味，雨里带着血；形容残酷的屠杀。

他经受住了腥风血雨的考验，成了百战百胜的将军。

【语汇】

暴风骤雨 恶风恶雨 怪风毒雨 寒风骤雨 好风好雨 和风细雨

黑风恶雨　横风横雨　横风斜雨　急风高雨　急风急雨　急风猛雨
急风密雨　急风斜雨　疾风劲雨　疾风骤雨　紧风急雨　狂风暴雨
烈风毒雨　令风静雨　猛风斜雨　欧风美雨　凄风苦雨　酸风醋雨
酸风妒雨　香风花雨　香风甜雨　斜风急雨　斜风劲雨　斜风碎雨
腥风恶雨　腥风箭雨　腥风邪雨　血风肉雨　血风腥雨

【填空练习】

顶风冒雨　灌风漏雨　呼风唤雨　腥风血雨　紧风急雨

① 镇国之宝重现世间，引起了一场江湖的（　　　　）。

② 她当了这么多年领导，能（　　　　），退休以后很长一段时间心情很低落。

③ 张老师（　　　　）把学生一个一个地送回家。

④ 他家的老房子已经有五十年了，（　　　　）。

⑤ 今天（　　　　），而且乡村道路坑坑洼洼，高低不平，很容易跌倒。

【答案】

①腥风血雨　②呼风唤雨　③顶风冒雨　④灌风漏雨　⑤紧风急雨

G

A歌B舞

当A、B为单音节形容词或单音节名词时，“A歌B舞”表示歌舞的性状和属性。当A、B为单音节动词时，“A歌B舞”表示做出某种（与歌舞有关的）行为。

【例释】

轻歌曼舞　表示轻松愉快的音乐和柔和优美的舞蹈。

台上的演员们轻歌曼舞，台下的观众们喜笑颜开。

载歌载舞　表示边唱歌边跳舞；形容尽情地欢乐。

人们载歌载舞，庆祝节日的到来。

能歌善舞　表示擅长唱歌跳舞，多才多艺。

傣族是个能歌善舞的民族。

莺歌燕舞　表示黄鹂唱歌，燕子飞舞；形容大好春光或大好形势。

我喜欢春天，那是个莺歌燕舞的季节。

【语汇】

巴歌渝舞　伴歌伴舞　边歌边舞　唱歌跳舞　村歌社舞　高歌欢舞
欢歌劲舞　欢歌起舞　缓歌曼舞　狂歌乱舞　鸾歌凤舞　能歌善舞
浅歌曼舞　轻歌曼舞　清歌妙舞　清歌雅舞　式歌式舞　随歌起舞
献歌献舞　笑歌戏舞　燕歌赵舞　莺歌蝶舞　莺歌燕舞　载歌且舞
载歌载舞

【填空练习】

唱歌跳舞　莺歌燕舞　轻歌曼舞　能歌善舞

① 每天晚上，广场上都有不少人在（　　　　），特别热闹。

② 台上（　　　　），吸引了许多游客。

③ 她是个（　　　　）的姑娘，拿下了许多舞蹈比赛和歌唱比赛的奖杯。

④ 春天到了，处处（　　　　）。

【答案】

① 唱歌跳舞　② 轻歌曼舞　③ 能歌善舞　④ 莺歌燕舞

各A各B

“各 A 各 B”表示多个不同的主体（A、B 均为名词）或者多个不同的主体同做某事或同有某种属性（A 为动词，B 为名词）。A、B 多为单音节词，也可以是双音节词。

【例释】

各就各位　表示各自到自己的位置或岗位上；也表示各自做自己应该做的事。

所有的运动员已各就各位，摆好了姿势，就等着比赛了。

各门各派　表示各个门派；也表示文化、思想领域的各个流派。

古代各门各派的武功招数名称太多了，我只能说出几个。

各乡各镇　表示每个乡镇。

由于各乡各镇土质不同，长出来的土豆口味也有差异。

各行业各部门　表示各个行业各个部门。

通知已经发送给各行业各部门。

【语汇】

各班各排　各办各事　各帮各会　各帮各派　各唱各调　各朝各代
各处各科　各吹各调　各村各寨　各村各镇　各党各会　各党各派
各付各税　各干各活　各干各事　各顾各难　各管各事　各归各帮
各归各处　各行各业　各就各位　各局各处　各卷各编　各军各派
各开各得　各卖各瓜　各门各帮　各门各道　各门各派　各排各列
各派各会　各派各教　各派各系　各区各社　各市各乡　各说各话
各厅各房　各团各营　各玩各招　各乡各村　各乡各区　各乡各镇
各学各派　各营各连　各营各排　各有各爱　各有各差　各有各长
各有各愁　各有各欢　各有各活　各有各美　各有各命　各有各奇
各有各选　各有各要　各有各用　各有各招　各种各样　各组各测
各组各负　各组各取　各组各设　各作各事　各做各事

各单位各大学　各行业各部门　各机关各单位　各系统各组织

【填空练习】

各家各户　各有各事　各有各命　各色各样

①　老张每天早上四点给（　　　　）送早餐奶。

②　春天来了，（　　　　）的花争相开放。

③　春节的时候，几个子女（　　　　），都没有回家过年，家里只有老父亲一个人。

④　十年以后，宿舍的几个姐妹都工作了，结婚了。她们的境况差别很大，人呀，（　　　　）。

【答案】

①各家各户　②各色各样　③各有各事　④各有各命

各 A 其 B

“各 A 其 B”表示多个主体针对事物进行自己的行动。A 为动词，B 为名词。

【例释】

各行其是　表示每个人按照自己的意见、主张去做；形容思想、行动不一致。

工厂这么多人，如果大家都各行其是，那还不乱套了。

各司其职　表示每个人负责掌管自己的职责。

为了筹备运动会，大家一定要各司其职。

各美其美　表示各民族发展本民族自己的文化。

费孝通先生 1990 年提出“各美其美，美美与共”，意思是各民族都有评价美的标准，要互相尊重。

【语汇】

各安其旧	各保其疆	各保其任	各唱其调	各成其妙	各呈其长
各呈其妙	各呈其用	各逞其能	各出其长	各出其力	各出其事
各出其招	各付其费	各归其真	各减其罪	各见其长	各见其妙
各尽其长	各尽其美	各尽其妙	各举其长	各举其人	各亮其招
各列其说	各取其长	各取其能	各取其数	各任其能	各入其人
各施其长	各使其力	各使其命	各使其能	各事其事	各侍其主
各说其玄	各司其职	各喜其喜	各显其长	各显其妙	各显其俏
各消其短	各信其神	各行其是	各有其长	各有其短	各有其好

各有其精　各有其累　各有其美　各有其妙　各有其香　各有其痒　各有其用　各择其好　各择其精　各做其事

【填空练习】

各有其长　各付其费　各司其职　各显其能

① 教师技能大赛上，教师们八仙过海，(　　　　)。

② 班里的孩子(　　　　)，老师们应该给他们展示才华的机会。

③ 医学院的三位副院长在教学、科研、外联方面(　　　　)。

④ 晚餐，咱们采用 AA 制方式结算，(　　　　)。

【答案】

①各显其能　②各有其长　③各司其职　④各付其费

A公B私

“A 公 B 私”表示动作发出者在公共利益与个人利益之间做出某种选择或采取某种行为。“公”代表公共利益，“私”代表个人利益。A、B 多为意义相反的单音节动词，A 也可以是介词、名词。

【例释】

大公无私　表示一心为公，毫无自私之心；也指办事公正。

他是一个大公无私的人，始终为人民利益着想。

背公向私　表示自私自利，损害公共利益。

背公向私，无论在哪个时代都是被人唾弃的行为。

损公肥私　表示损害公家利益而使私人获得好处。

从上任以来，他多次损公肥私，借政府的名义为自己谋取个人利益。

假公济私　表示假借公家的名义来谋取私人的利益。

这位官员假公济私，将公共资源用于自己的私人利益，引起了公众强烈的不满。

【语汇】

背公向私　背公徇私　背公营私　秉公灭私　秉公无私　出公忘私
大公无私　化公为私　假公济私　假公营私　借公行私　卖公营私
弃公营私　损公肥私　托公报私　托公行私　先公后私　以公灭私
因公假私　因公行私　忧公忘私　至公无私　尊公蔑私

【填空练习】

假公济私　损公肥私　大公无私　先公后私

① 他是个（　　　　）的人，不会偏袒任何一方。

② 他打着公司的名义收受贿赂，（　　　　）。

③ 把集体的东西据为已有是一件（　　　　）的事。

④ 她（　　　　），为了集体的荣誉，天天加班到半夜。

【答案】

① 大公无私　② 假公济私　③ 损公肥私　④ 先公后私

A古B今

“A古B今”表示对古今的事物各自采用某种行为，两种行为构成对比/对照关系或具有语义关联。A、B为单音节动词。

【例释】

博古通今　对古代的事知道得很多，并且通晓现在的事情；形容知识渊博。

这位先生阅历广泛，是个博古通今的人。

论古说今　表示从古到今无所不谈，无不评论。

他这些天四处游荡，跟年轻人论古说今。

铄古震今　表示震动古人，显耀当世；形容事业或功绩伟大。

这部小说是西方知识界必读之书，铄古震今。

厚古薄今　表示推崇古代的，轻视现代的；多用于学术研究方面。

有一些文人喜欢厚古薄今。

【语汇】

变古动今　博古通今　博古知今　薄古轻今　陈古刺今　吊古伤今
吊古问今　贵古贱今　好古轻今　厚古薄今　怀古伤今　稽古揆今
极古穷今　继古开今　讲古论今　借古讽今　借古开今　借古喻今
空古绝今　旷古绝今　旷古烁今　隆古贱今　论古评今　论古说今
迈古超今　慕古薄今　泥古非今　泥古违今　泥古执今　破古断今
荣古虐今　镕古铸今　融古通今　融古拓今　是古非今　说古唱今
说古道今　说古谈今　铄古震今　颂古非今　谈古论今　探古赏今

通古变今　通古博今　通古达今　通古化今　通古知今　笑古笑今
寻古探今　演古劝今　以古鉴今　以古喻今　引古绳今　引古喻今
引古证今　援古刺今　援古证今　越古超今　指古摘今　重古轻今
酌古沿今　酌古御今　酌古准今

【填空练习】

博古通今　吊古伤今　借古讽今　厚古薄今

① 张老师在演讲中（　　　　），批评了现在一些人两面派的做法。

② 张老师读了很多书，（　　　　），是公认的国学大师。

③ 这首诗（　　　　），读来让人震撼不已。

④ 有一些学者就喜欢（　　　　），动不动就提唐宋明清。

【答案】

① 借古讽今　② 博古通今　③ 吊古伤今　④ 厚古薄今

A国B民

“A 国 B 民”表示对国家和人民采取某一行为。A、B 为单音节动词或形容词。

【例释】

蠹国害民　表示危害国家，残害人民。

精神污染的危害很大，足以蠹国害民。

保国安民　表示保卫国家，使人民安居乐业。

诚信是治国之本，政府重诺守信，才能保国安民。

祸国殃民　表示使国家受害，百姓遭殃。

这些祸国殃民的家伙，早就该被整治了。

利国利民　表示对国家对人民都有利。

中央政府实行了一整套利国利民的措施。

【语汇】

爱国爱民　安国安民　败国殄民　保国安民　保国保民　保国救民
保国养民　病国殃民　成国强民　蠹国病民　蠹国害民　蠹国耗民
蠹国嚼民　蠹国殃民　福国利民　富国安民　富国富民　富国强民
富国裕民　富国足民　害国害民　害国伤民　护国佑民　祸国败民
祸国病民　祸国害民　祸国祸民　祸国误民　祸国殃民　救国救民
坑国害民　坑国坑民　利国利民　乱国害民　盼国强民　扰国害民
扰国扰民　辱国辱民　辱国殄民　辱国殃民　体国安民　误国害民
误国殄民　误国误民　误国殃民　益国利民　忧国哀民　忧国爱民
忧国恤民　忧国忧民　裕国足民　治国安民

【填空练习】

祸国殃民　保国安民　忧国忧民　富国富民

①　政府要发展经济，(　　　　)，让老百姓过上好日子。

②　这是一种（　　　　）的行为，出卖了中华民族的利益。

③　军人的职责就是（　　　　），抵御外敌。

④　“先天下之忧而忧，后天下之乐而乐”表现了诗人（　　　　）的情怀。

【答案】

①富国富民　②祸国殃民　③保国安民　④忧国忧民

H

含A带B

“含A带B”表示某人、某事物包含某种特点或形态（A、B）。A、B为形容词、名词或动词。

【例释】

含羞带怯　表示羞涩胆怯，有点难为情；形容少女娇羞的姿态。

小姑娘露出了她那含羞带怯的纯真笑脸。

含羞带笑　形容人害羞的同时又不自觉地表露出笑意。

小美含羞带笑，把头靠在了小王的肩上。

含泪带笑　表示带着眼泪和笑容。

奶奶望着家人们担忧的脸庞，含泪带笑，永远地闭上了双眼。

【语汇】

含讽带刺　含娇带嗔　含娇带媚　含泪带笑　含媚带娇　含泥带沙
含情带泪　含情带意　含香带露　含笑带泪　含羞带愧　含羞带媚
含羞带怯　含羞带臊　含羞带笑　含牙带角　含怨带恨

【填空练习】

含羞带臊　含牙带角　含泥带沙　含泪带笑

①　在人前表演舞蹈，这让李桂芳（　　　　）地几乎想找个地缝钻进去。

② 这桶水（　　　　）的，需要放一放才能使用。

③ 有生命的动物，大多都是（　　　　），有四肢躯干的。

④ 班主任在毕业典礼上（　　　　），露出了欣慰的笑容。

【答案】

① 含羞带臊　② 含泥带沙　③ 含牙带角　④ 含泪带笑

好 A 好 B

若 A、B 为单音节动词，“好 A 好 B”表示容易或适宜做某件事或者带着善意做某件事。若 A、B 为单音节名词，“好 A 好 B”还表示事物具有美好、良好的品质。

【例释】

好言好语　表示善意的语言。

我好言好语地劝了她半天，她才不生气了。

好离好散　表示友善地分手，友好地终止关系。

我们离婚吧，希望能好离好散。

好心好意　表示怀着善意。

人家好心好意地劝他，他反倒不耐烦了。

好吃好喝　表示用很好的饮食招待别人。

我请了朋友来家里，准备了一桌丰盛的饭菜，好吃好喝地招待他们。

【语汇】

好吃好穿　好吃好喝　好词好曲　好饭好菜　好接好送　好借好还
好酒好菜　好酒好茶　好酒好饭　好聚好散　好来好去　好离好散
好模好样　好人好事　好山好景　好山好水　好商好量　好声好气
好写好记　好心好意　好言好语　好找好记

【填空练习】

好吃好喝　好模好样　好商好量　好聚好散

① 我们希望你们小两口（　　　　），不要伤和气。

② 说起找男朋友的标准，她希望是一个人才出众、（　　　　）的。

③ 广州有那么多（　　　　）的，我太喜欢这个城市了。

④ 关于这件事儿，咱们不能着急，还是得（　　　　）地跟他们沟通。

【答案】

① 好聚好散　② 好模好样　③ 好吃好喝　④ 好商好量

何A之有

“何A之有”是反问格式，表示“没有A”。A为单音节名词、动词或形容词。

【例释】

何错之有　表示没有过错。

我教育这个不听话的孩子，何错之有？

何罪之有 表示没有罪过。

人有喜怒哀乐，伤心流泪，何罪之有？

何喜之有 表示没有什么值得欢喜的。

你们交出这样的成绩单，何喜之有？

【语汇】

何悲之有 何病之有 何耻之有 何错之有 何福之有 何功之有
何怪之有 何贵之有 何过之有 何害之有 何贺之有 何忌之有
何贱之有 何惧之有 何苦之有 何愧之有 何乐之有 何累之有
何利之有 何陋之有 何虑之有 何美之有 何难之有 何奇之有
何瑞之有 何伤之有 何喜之有 何幸之有 何羞之有 何学之有
何雅之有 何厌之有 何疑之有 何益之有 何忧之有 何责之有
何罪之有

【填空练习】

何错之有 何贺之有 何责之有 何惧之有

① 小孩子去踢个足球，(　　)，你发这么大的火？

② 这些学生私自外出，在校外打架，学校(　　)？

③ 面对敌人的屠刀，我已经做好了赴死的准备，(　　)？

④ 我学习了这么多年才拿到教师资格证，(　　)？

【答案】

① 何错之有 ② 何责之有 ③ 何惧之有 ④ 何贺之有

红 A 绿 B

“红 A 绿 B”表示事物具有“红”和“绿”明艳的色彩关系，也可以指环境的繁华。“红”和“绿”可以表示字面意义上的颜色（即红色和绿色），A、B 为名词。“红 A 绿 B”还表示花和叶呈现为某种状态，“红”“绿”指代红（花）和绿（叶），A、B 为形容词。

【例释】

红男绿女　指穿着各种漂亮服装的青年男女。

舞会上，红男绿女正随着音乐缓缓起舞。

红灯绿酒　形容享受的、欢愉的生活；也形容繁华热闹的夜生活。

在红灯绿酒的都市中，人容易迷失自我，因此保持初心很重要。

红瘦绿肥　表示绿叶茂盛，红花凋谢。

花是美丽的战士，风雨中尽管渐渐红瘦绿肥，终究不曾低头。

红砖绿瓦　指红色的砖，绿色的瓦，表示一种建筑风格。

青岛的建筑很有特点，到处是红砖绿瓦。

【语汇】

红袄绿袖	红草绿水	红愁绿惨	红窗绿户	红灯绿酒	红顶绿窗
红花绿草	红花绿柳	红莲绿荷	红楼绿树	红满绿盈	红梅绿竹
红男绿女	红墙绿瓦	红情绿意	红瘦绿肥	红瓦绿树	红霞绿树
红星绿点	红岩绿树	红檐绿瓦	红樱绿柳	红柱绿瓦	红砖绿瓦

【填空练习】

红灯绿酒　红砖绿瓦　红情绿意　红男绿女

① 街头走来一群（　　　　），引起所有人的惊叹羡慕。

② 夜晚的城市依然繁华，莺歌燕舞，（　　　　）。

③ 在一片郁郁葱葱的枇杷树边，有着整齐的（　　　　）。

④ 大地回春，（　　　　），一片生机。

【答案】

① 红男绿女　② 红灯绿酒　③ 红砖绿瓦　④ 红情绿意

A 红 B 绿

“A 红 B 绿”形容某物的色彩或场景。此处的“红”和“绿”既可以表示字面意义上的颜色，即红色和绿色；也可以用来指代红（花）和绿（叶）。A、B 为单音节动词、名词或形容词。

【例释】

大红大绿　形容颜色浓烈。

她今天怎么穿了件大红大绿的衣服？

灯红酒绿　表示灯光酒色，红绿相映，令人目眩神迷；形容奢侈糜烂的生活。

看惯了外边的灯红酒绿，吃惯了餐桌上的山珍海味，还能看大自然的青山绿水、吃木桌上的粗茶淡饭吗？

花红柳绿 形容明媚的春天景象；也形容颜色鲜艳纷繁。

春天来了，风和日丽，公园花红柳绿。

纷红骇绿 表示纷披散乱的红花绿叶；形容花草树木随风摆动。

农家小院百花齐放，“靓丽一条街”纷红骇绿、“美丽庭院”斗色争妍。

【语汇】

愁红惨绿 穿红戴绿 穿红衣绿 穿红着绿 大红大绿 纷红骇绿
枫红柏绿 勾红抹绿 呼红喝绿 花红稻绿 花红柳绿 花红叶绿
露红烟绿 描红画绿 披红挂绿 披红飘绿 飘红扎绿 品红尝绿
品红评绿 砌红堆绿 桃红果绿 桃红柳绿 偎红依绿 鲜红嫩绿
嫣红翠绿 张红贴绿

【填空练习】

灯红酒绿 花红柳绿 披红挂绿 纷红骇绿

① （　　　　）的生活方式，只会使人堕落。

② 民间舞蹈队（　　　　），很远就能认出来。

③ 院墙上爬满了花草，不知名的红色花儿在阳光下（　　　　）。

④ 春天来了，到处（　　　　），呈现出一派万紫千红的景象。

【答案】

① 灯红酒绿 ② 披红挂绿 ③ 纷红骇绿 ④ 花红柳绿

或 A 或 B

“或 A 或 B”表示“有的…有的…”“有些…有些…”，“或”是副词，也可以是代词。A、B 是意义相近或相对的单音节名词、动词或形容词，也可以是双音节的词。

【例释】

或多或少　表示多多少少。

他的努力，或多或少地改变了香港电影历史的进程。

或唱或跳　表示有的人唱、有的人跳。

他们这些人或唱或跳，广场上成了一片欢乐的海洋。

或雅或俗　表示有的高雅，有的低俗。

世界上的音乐或雅或俗，感动着不同的人。

或安静或热烈　表示有时安静，有时热烈。

人生是一树花开，或安静或热烈，愿生活对你温柔以待。

【语汇】

或褒或贬	或悲或怜	或草或木	或长或短	或唱或念	或唱或跳
或唱或演	或吵或闹	或沉或浮	或成或败	或迟或早	或粗或细
或大或小	或癫或狂	或东或西	或多或少	或繁或简	或方或圆
或放或卖	或风或雪	或俯或仰	或高或矮	或高或低	或高或下
或好或坏	或厚或薄	或咳或喘	或哭或笑	或宽或窄	或立或蹲
或龙或蛇	或美或丑	或男或女	或鸟或人	或浓或淡	或前或后

或强或弱　或曲或直　或人或鬼　或人或景　或人或事　或人或物
或散或收　或山或水　或深或浅　或生或灭　或生或熟　或圣或凡
或事或景　或疏或密　或死或伤　或松或紧　或素或艳　或喜或悲
或喜或怒　或喜或忧　或显或隐　或凶或吉　或渔或猎　或增或减
或长或幼　或涨或跌　或重或轻　或走或留　或左或右　或坐或睡
或坐或站

或安静或热烈　或成熟或幼稚　或高大或娇小　或开放或封闭
或柔弱或刚强　或松弛或紧张

【填空练习】

或多或少　或重或轻　或唱或跳　或人或物或事

① 花灯会上，人们（　　　　），整个广场成了一片欢乐的海洋。

② 人一生中，不会都是一帆风顺，每个人（　　　　）会遇到些挫折。

③ 得了这种病的人，都出现了（　　　　）的症状。

④ 生活中总有一些东西值得我们回忆，（　　　　）。

【答案】

① 或唱或跳　② 或多或少　③ 或重或轻　④ 或人或物或事

忽A忽B

“忽A忽B”表示两种情况（包括动作、性质状态）在极短时间反复交替出现，引申出“无规律、不稳定”或“富有变化”义。Ａ、Ｂ为意义相反的名词、动词或形容词。“忽”表示情况变化来得迅速而且出乎意料。

【例释】

忽高忽低　表示一下子高，一下子低，数据信息变化大。

股票最近忽高忽低，炒股的人都心神不安。

忽左忽右　表示一下子向左，一下子向右。

忽上忽下　表示一下子上去，一下子下来。

小运动员的球，忽左忽右，忽上忽下，把我累得气喘吁吁。

忽有忽无　表示一下子消失，一下子出现。

鼾声从隔壁房间传来，忽大忽小，忽高忽低，忽有忽无，还伴有回音呢！

【语汇】

忽爱忽恨	忽悲忽喜	忽长忽短	忽沉忽浮	忽出忽没	忽粗忽细
忽大忽小	忽敌忽友	忽东忽西	忽断忽续	忽多忽少	忽飞忽落
忽分忽合	忽风忽雨	忽风忽云	忽高忽低	忽急忽缓	忽尖忽圆
忽进忽退	忽近忽远	忽聚忽散	忽开忽关	忽开忽合	忽快忽慢
忽宽忽窄	忽来忽去	忽冷忽热	忽凉忽热	忽梦忽醒	忽明忽暗
忽明忽灭	忽男忽女	忽南忽北	忽浓忽淡	忽暖忽凉	忽胖忽瘦
忽起忽伏	忽起忽落	忽起忽坐	忽前忽后	忽强忽弱	忽轻忽重
忽清忽浊	忽晴忽雨	忽软忽硬	忽上忽下	忽升忽降	忽实忽虚
忽疏忽密	忽吞忽吐	忽喜忽忧	忽行忽止	忽徐忽急	忽扬忽抑
忽阴忽晴	忽隐忽现	忽有忽无	忽涨忽落	忽走忽停	忽左忽右

【填空练习】

忽多忽少　忽左忽右　忽阴忽晴　忽高忽低　忽风忽雨

① 学校制定的政策要有连续性，不能（　　　　）。

② 孩子的成绩不稳定，（　　　　）。

③ 小岛的天气让人捉摸不定，(　　　　)，(　　　　)。

④ 平时的饮食要定时定量，不要 (　　　　)。

⑤ 他的脸色 (　　　　)，令人捉摸不定。

【答案】

① 忽左忽右 ② 忽高忽低 ③ 忽阴忽晴 / 忽风忽雨 ④ 忽多忽少 ⑤ 忽阴忽晴

【辨析：忽A忽B和时A时B】

共同点：“忽A忽B”与“时A时B”都是表达两种情况交替发生。

不同点：“时”是时间副词，表示“有时候”的意思；“忽”是表情状的描摹性副词，表示情况变化迅速，不可预料。对比两个例句：

① 本周时晴时雨，天气渐暖，周末高温达到21℃。

② 厦门的天气，忽阴忽晴，忽风忽雨，难以琢磨，像极了旁边的大海。

胡A乱B

“胡A乱B”表示没有根据地做事情，或者是说话人随意地做事情，多包含贬义。A、B一般为单音节动词。

【例释】

胡言乱语　表示没有根据、不符实际地说话，或指毫无根据、不负责任的话语。

虽说人们都有言论自由，但是不能信口开河，胡言乱语。

胡思乱想　表示没有根据、不切实际地瞎想。

老王最近失眠严重，总是沉浸在之前不愉快的经历中，无法抑制自己的胡思乱想。

胡编乱造　表示没有根据、不合情理地胡乱编造。

他胡编乱造的供词误导了警察查案的方向。

【语汇】

胡编乱凑　胡编乱导　胡编乱演　胡编乱造　胡猜乱蒙　胡猜乱想
胡扯乱谈　胡吃乱用　胡冲乱撞　胡吹乱谤　胡吹乱捧　胡打乱骂
胡打乱凿　胡蹬乱踢　胡堆乱砌　胡搞乱来　胡滚乱撞　胡叫乱说
胡拉乱扯　胡骂乱卷　胡闹乱侃　胡批乱斗　胡拼乱凑　胡思乱想
胡撕乱咬　胡踏乱踩　胡摊乱派　胡谈乱侃　胡调乱侃　胡涂乱抹
胡涂乱写　胡写乱画　胡行乱为　胡言乱吹　胡言乱语　胡招乱供
胡整乱查　胡诌乱扯　胡诌乱道

【填空练习】

胡言乱语　胡堆乱砌　胡思乱想　胡写乱画

① 青少年的心理健康问题容易被家长忽视，甚至会被家长当作青春期的（　　　）。

② 如果你再（　　　），污蔑我朋友，我们就去报警！

③ 虽然在建筑物上“（　　　）”是违法行为，但还是有一大批青年热衷于这种活动。

④ 这篇文章看起来很美，但只是（　　　）一些华丽的辞藻，没有什么内容。

【答案】

①胡思乱想　②胡言乱语　③胡写乱画　④胡堆乱砌

互A互B

“互A互B”表示两个主体在某种行为上彼此同样对待。A、B为语义相近的单音节动词。

【例释】

互敬互爱　表示相互尊敬，相互爱戴。

新娘和新郎表示要互敬互爱，白头偕老。

互联互通　指电信网间的物理连接。

中方鼓励中资企业增加对土耳其的投资，致力于实现两国铁路互联互通。

互帮互助 表示互相帮助。

当朋友间存在竞争时，应互帮互助，共同进步，这才是真正友谊的体现。

互惠互利 表示交易能为双方都带来较大的利益和好处。

中方与韩方本着互惠互利的原则发展两国经济。

【语汇】

互帮互爱 互帮互进 互帮互助 互查互评 互促互进 互观互学
互惠互利 互敬互爱 互联互通 互谅互让 互勉互励 互谦互让
互谦互重 互容互补 互容互促 互容互动 互容互感 互容互学
互融互生 互融互通 互信互爱 互信互惠 互信互利 互信互通
互学互鉴 互学互进 互赢互利 互助互爱 互助互进 互尊互爱
互尊互让

【填空练习】

互帮互助 互融互通 互谅互让 互查互评

① 夫妻发生矛盾的时候，应该（ ）。

② 两个组的教师（ ），努力提升教学效果。

③ 作为语伴，他们这一年来（ ）。

④ 澳门国际银行以“（ ）· 共享 · 共赢”为参展主题，吸引了广大市民。

【答案】

① 互谅互让 ② 互查互评 ③ 互帮互助 ④ 互融 · 互通

J

A家B户

“A家B户”描述住户的性状或对住户采取某一行为。“家”“户”是“人家、住户”的意思。A、B为单音节动词、代词或形容词。

【例释】

挨家挨户 表示从一家到另一家，一家也不漏掉。

一大早，送报员就开始挨家挨户地送报纸了。

千家万户 表示众多人家。

天黑了，千家万户亮起了灯火。

安家落户 表示在一个地方安家，定居下来。

江南气候宜人、风景秀美，他最终决定在江南安家落户。

【语汇】

挨家挨户 挨家逐户 安家落户 单家独户 顶家立户 各家各户
进家入户 每家每户 走家串户 走家访户

【填空练习】

每家每户 单家独户 安家落户 挨家挨户

① 万圣节的时候，孩子们会（　　　　）地要糖果。

② 春节是中国最重要的节日，每逢春节，(　　　　) 都会团圆。

③ 在中国，越来越多的人选择在南方 (　　　　)。

④ 周围的人都搬走了，只剩这一家人 (　　　　) 地住在这里。

【答案】

① 挨家挨户 ② 每家每户 ③ 安家落户 ④ 单家独户

AB 交加

“AB 交加”表示两种事物同时出现，通常这两种事物具有关联性。A 和 B 可以是相近的词。A、B 为名词或形容词。一般用于书面语。

【例释】

风雪交加 表示风雪接连不断。

北方到了冬天以后，常常风雪交加，人们出行都很困难。

雷电交加 表示打雷闪电接连不断。

天边乌云密布，一时间狂风大作，雷电交加。

悲喜交加 表示悲伤和喜悦交织在一起。

生活就是悲喜交加的，要学会控制自己的情绪。

悔恨交加 表示后悔和遗憾的心情交织在一起，形容非常懊悔。

贪污受贿被抓入狱之后，他才悔恨交加。

【语汇】

爱恨交加　悲愤交加　悲喜交加　风雹交加　风雪交加　风雨交加
悔恨交加　饥寒交加　惊喜交加　雷电交加　雷闪交加　雷雨交加
贫病交加　拳脚交加　涕泪交加　雾霾交加

【填空练习】

饥寒交加　风雪交加　贫病交加　悲愤交加

① 屋外（　　　　），我只好待在屋里。

② 卖火柴的小女孩在（　　　　）中死去了。

③ 法庭上，受害人家属（　　　　）地要求重判罪犯。

④ 他晚年（　　　　），最后孤独地死去。

【答案】

① 风雪交加　② 饥寒交加　③ 悲愤交加　④ 贫病交加

街 A 巷 B

“街 A 巷 B”表示遍布在城市街巷中或街巷中的人普遍做出的动作。A、B 为动词或名词。

【例释】

街头巷尾　指大街小巷。

元宵节晚上，全城的街头巷尾，家家都张灯结彩，挂起了

灯笼。

街谈巷议 表示大街小巷里人们的议论；形容议论纷纷。

这个消息在街谈巷议中以讹传讹，让当事人十分气愤。

街号巷哭 表示大街小巷的人在哭号；形容悲痛至极。

老厂长去世了，一时间街号巷哭，大家非常伤心。

【语汇】

街号巷哭 街取巷连 街谈巷说 街谈巷谚 街谈巷议 街谈巷语
街头巷底 街头巷口 街头巷尾 街知巷闻

【填空练习】

街头巷尾 街号巷哭 街知巷闻 街谈巷议

① 这种没有根据的（ ）不一定可靠，不要当真。

② 孩子背着篮子，跟随父母在（ ）叫卖蔬菜。

③ 这个消息如今已经是（ ），我们还有什么可瞒的。

④ 李院长去世那天，小镇里（ ），大家都很悲伤。

【答案】

① 街谈巷议 ② 街头巷尾 ③ 街知巷闻 ④ 街号巷哭

A 街 B 巷

A、B 为动词时，“A 街 B 巷”表示某种动作行为出现在城市的各个地方。A、B 为形容词时，“A 街 B 巷”表示街道有某些特点。

【例释】

大街小巷 指城市里的街道巷弄，也指都市里的各处地方。

春节到了，大街小巷都挂满了灯笼。

走街串巷 指走遍各个角落。

小商贩们走街串巷，赚点小钱养家糊口。

穷街陋巷 表示贫穷破旧的街巷。

以前的穷街陋巷现在已经不见了，县城变得十分繁华。

打街骂巷 形容寻衅滋事、打骂邻居。“街巷”指邻居。

他平时喝酒赌钱，打街骂巷，原就是不安分的人。

【语汇】

背街僻巷　长街短巷　穿街过巷　打街骂巷　大街小巷　倒街卧巷
花街柳巷　宽街窄巷　连街倒巷　前街后巷　穷街陋巷　深街曲巷
填街塞巷　填街溢巷　屯街塞巷　小街僻巷　走街串巷　走街溜巷

【填空练习】

走街串巷　穷街陋巷　倒街卧巷　大街小巷

① 父亲带着他（　　　　）收购鸡蛋和鸭蛋。

② 那是一个喝酒喝得（　　　　）的醉鬼。

③ 他是在偏远地区的（　　　　）里长大的。

④ 最近一段时间，（　　　　）到处都是选举投票的告示。

【答案】

① 走街串巷　② 倒街卧巷　③ 穷街陋巷　④ 大街小巷

A 金 B 银

“A 金 B 银”表示对金银采取某种行为。有时“金”“银”指金牌、银牌，“A 金 B 银”泛指在比赛中取得多项好成绩。A、B 为单音节动词。

【例释】

斩金夺银　指摘得金牌、夺得银牌；泛指在比赛中摘夺多个奖项。

在运动会上，一班的学生斩金夺银，取得了团体总分第一名的好成绩。

穿金戴银　指穿戴贵重华美的服饰。

妈妈的幸福观很简单，不需要穿金戴银，不需要荣华富贵，只要一家人健健康康的就好了。

【语汇】

播金撒银　藏金储银　产金出银　穿金戴银　雕金凿银　夺金饰银
夺金添银　流金淌银　拿金夺银　披金挂银　收金揽银　贴金镶银
涌金现银　摘金夺银　摘金掠银　斩金夺银　争金夺银

【填空练习】

穿金戴银　披金挂银

① 本次冬奥会上，中国健儿苏翊鸣（　　　　），中国

刷新冬奥会史上最佳战绩。

② 看他一身名牌，(　　　　) 地招摇过市，显然就是在炫耀。

【答案】

① 披金挂银　② 穿金戴银

金 A 玉 B

“金 A 玉 B” 表示事物具有完美的、华丽的性状，也表示不能更改的条文、承诺等。A、B 为单音节名词。

【例释】

金科玉律　原形容法令条文的尽善尽美，现比喻必须遵守、不能变更的信条。

他总是把父母的话当作金科玉律，丝毫不敢违背。

金声玉振　比喻音韵响亮、和谐，也比喻人的知识渊博，才学精到。

孟子以“金声玉振”评价孔子，是对孔子学术、思想、道德等方面的肯定。

金童玉女　表示天真无邪的男孩女孩。

顾铭和曾佳一直是人们眼中的金童玉女，但是他们却分手了。

【语汇】

金风玉露　金关玉锁　金冠玉带　金闺玉堂　金辉玉洁　金枷玉锁
金浆玉醴　金精玉液　金科玉律　金科玉臬　金科玉条　金口玉言
金口玉音　金楼玉堂　金马玉堂　金声玉色　金声玉振　金台玉楼
金童玉女　金镶玉裹　金镶玉嵌　金相玉式　金相玉质　金友玉昆
金章玉句　金枝玉叶　金钟玉磬　金珠玉帘　金珠玉器

【填空练习】

金枝玉叶　金童玉女　金镶玉裹　金科玉律

① “己所不欲，勿施于人”一直是他信奉的（　　　　）。

② 这对曾经被誉为（　　　　）的夫妻最终以离婚的结局收场。

③ 她是他们家唯一的女儿，从小（　　　　）、娇生惯养。

④ 他追求的不是（　　　　）的生活，而是能在艺术上达到顶峰的目标。

【答案】

① 金科玉律　② 金童玉女　③ 金枝玉叶　④ 金镶玉裹

紧 A 慢 B

“紧 A 慢 B”有两种情况：

❶A、B 若为同一个单音节动词或意义相近的动词，“紧 A 慢 B”表示因某一事情开始或结束的时间紧迫，说话人加快动作的速

度。A 还可以是数量短语，“紧 A 慢 B”表示一系列相同的动作之间的间隔长短交替进行。

【例释】

紧赶慢赶　表示不停地赶工或追赶。

赵石没钱回家，紧赶慢赶追上了爱凤，向她开口借钱。

紧走慢走　表示一会儿快走一会儿慢走。

我们这一代人紧走慢走，还是赶不上时代的脚步。

紧一阵慢一阵　表示一段时间紧一段时间慢。

春天的山腰上，风紧一阵慢一阵地吹着。

【语汇】

紧赶慢赶　紧爬慢爬　紧跑慢赶　紧跑慢跑　紧写慢写　紧找慢找
紧追慢赶　紧追慢追　紧走慢走

紧一步慢一步　紧一会儿慢一会儿　紧一拍慢一拍　紧一声慢一声
紧一阵慢一阵

❷A、B 若为不同的单音节动词，“紧 A 慢 B”表示实施 A 和 B 两个动作或事件的速度不同：节奏紧密地实施 A 动作，节奏缓慢地实施 B 动作。A、B 为意义相对或意义相关的单音节动词。

【例释】

紧打慢唱 / 紧拉慢唱　戏曲中的一种唱法。拉和打是紧的、快的，而唱则是慢的。

摇板在京剧界又称之为“紧拉慢唱”或“紧打慢唱”。即伴奏的鼓板和胡琴，拉和打是快的，而唱则是慢的。

紧吸慢呼　表示快一点呼入气息，慢一点呼出气息。

声乐教师通过紧吸慢呼、慢吸紧呼、长吸短呼、短吸长呼、慢吸快呼、快吸慢呼等方法让少儿练习肺活量。

【语汇】

紧按慢放　紧打慢唱　紧打慢敲　紧防慢躲　紧呼慢吸　紧拉慢唱　紧收慢放　紧守慢攻　紧推慢移

【填空练习】

紧一会儿慢一会儿　紧写慢写　紧赶慢赶　紧一步慢一步　紧追慢追　紧拉慢唱

① 小明上学快迟到了，他（　　　　）才赶到了教室。

② 他在800米决赛中，（　　　　）才拉近了和第一名同学的距离。

③ 秋雨下了一天了，大一阵小一阵，（　　　　），没有停下来的意思。

④ 生活就是走走停停，（　　　　）。

⑤ 小明（　　　　），勉强写完了作业。

⑥（　　）说的是摇板，也就是京胡拉得比较快，音比较多；人唱得比较慢，一个字对应多个京胡的音。

【答案】

① 紧赶慢赶　② 紧追慢追　③ 紧一会儿慢一会儿　④ 紧一步慢一步　⑤ 紧写慢写　⑥ 紧拉慢唱

K

可A可B

“可A可B”表示A、B两种动作行为值得做或可以做。“可”表示“值得、应该”或“可以、能”。A、B可以是意义相近或相反的单音节动词，也可以是单音节形容词或名词。

【例释】

可有可无 表示可以有也可以没有，有没有都无关紧要。

她活了五十年，第一次感觉到自己还不是一个可有可无的人。

可分可合 表示可以分开，也可以合并在一起。

我想买一张可分可合的双人床。

可喜可贺 表示值得欢喜与庆贺。

你们小组有如此高的生产效率，可喜可贺！

可圈可点 表示文章或表演精彩，值得加以圈点。

这部电影中男女主角的表演都可圈可点。

【语汇】

可爱可恨	可爱可怜	可悲可鄙	可悲可愤	可悲可恨	可悲可悯
可悲可气	可悲可泣	可悲可叹	可悲可痛	可悲可厌	可鄙可贱
可编可著	可查可验	可长可短	可出可入	可触可摸	可粗可短
可粗可细	可存可取	可大可小	可登可涉	可东可西	可多可少

可防可控	可分可合	可高可低	可歌可泣	可耕可牧	可怪可愕
可观可赏	可好可坏	可恨可怜	可恨可怕	可恨可恶	可恨可憎
可加可减	可简可繁	可见可触	可借可还	可进可出	可进可退
可敬可爱	可敬可佩	可敬可亲	可锯可刨	可聚可散	可靠可信
可快可慢	可宽可严	可来可去	可怜可悲	可怜可鄙	可怜可敬
可怜可叹	可买可租	可难可易	可怕可悲	可怕可恶	可怕可憎
可气可恨	可气可恼	可气可笑	可前可后	可亲可近	可亲可敬
可轻可重	可圈可点	可善可恶	可赏可鉴	可上可下	可伸可屈
可深可浅	可升可降	可胜可败	可视可触	可视可抚	可守可攻
可书可赞	可叹可恨	可叹可怜	可逃可避	可推可拉	可退可换
可畏可怖	可畏可憎	可恶可鄙	可喜可悲	可喜可贺	可喜可乐
可喜可慰	可喜可忧	可喜可悦	可喜可赞	可笑可悲	可笑可鄙
可笑可怜	可笑可气	可笑可泣	可雅可俗	可厌可怕	可厌可笑
可易可难	可有可无	可远可近	可增可减	可憎可厌	可战可和
可战可守	可战可走	可张可合	可正可负	可知可感	可装可卸
可走可留	可左可右	可坐可躺	可坐可卧		

【填空练习】

可攻可守　可防可控　可开可合　可大可小　可长可短　可粗可细

① 孙悟空的金箍棒不仅（　　　）（　　　）（　　　），关键时候还可变成其他的东西。

② 球场上你站得这个位置很好，（　　　）。

③ 狂犬病（　　　），不可治。

④ 餐厅的设计很独特，（　　　）的折叠门，让餐厅的空间有了更大的延展性。

【答案】

①可大可小/可长可短/可粗可细　②可攻可守　③可防可控　④可开可合

口A舌B

“口 A 舌 B”表示口舌的状况或人的说话能力。A、B 多是意义相近的形容词。

【例释】

口干舌燥 表示口舌都干了，形容说话太多。

他说话说得口干舌燥。

口笨舌拙 形容嘴笨，没有口才。

他一向口笨舌拙的，常因言语不当而得罪人。

口轻舌薄 形容说话尖酸刻薄。

那个口轻舌薄的男人，没人喜欢他。

口糜舌疮 表示口舌生疮，口腔溃烂。

淡竹叶能清心火，治热病口渴，心烦，口糜舌疮，牙龈肿痛。

【语汇】

口笨舌拙 口干舌焦 口干舌燥 口焦舌燥 口渴舌干 口苦舌干
口糜舌疮 口轻舌薄 口涩舌腻 口甜舌滑

【填空练习】

口笨舌拙 口干舌燥 口苦舌干 口轻舌薄

① 他年纪不大，人却不厚道，（　　　　），爱讽刺别人。

② 偶尔睡觉起来，感觉（　　　　），因为摄入的水量

太少了。

③ 中医认为，(   ) 可能是胆囊炎等疾病引起的。

④ 老刘低着头，挺为难地说：“我这个人，(   ) 的，谈什么呢？”

【答案】

①口轻舌薄 ②口干舌燥 ③口苦舌干 ④口笨舌拙

L

A来B去

“A来B去”用来描述一种情况或事件，该事件呈现为一个主体/多个主体的动作行为重复多次发生或持续进行（时间长）。“A来B去”后面通常有表示结果、结论或相关行为的后续句。A、B可以是意义相近的单音节动词或双音节动词，也可以是名词，名词为运动方向相反、运动规律性较强的事物。A、B可以是相同的词，也可以是不同的。

【例释】

忙来忙去　形容事务繁忙、辛辛苦苦的样子。

她们几个忙来忙去，招待客人。

朝来暮去　形容时光流逝。

朝来暮去，几十年过去了。我们也一天天老去了。

总结来总结去　表示反复总结。

总结来总结去，就一句话，不下功夫，学不好外语。

商量来商量去　表示反复商量。

商量来商量去，他们最终也没能达成一致的结论。

【语汇】

猜来猜去　唱来唱去　抄来抄去　潮来潮去　吵来吵去　车来车去

船来船去　闯来闯去　春来秋去　窜来跳去　荡来荡去　颠来簸去
颠来倒去　东来西去　夺来夺去　踱来踱去　躲来躲去　翻来覆去
风来风去　改来改去　滚来滚去　呼来喝去　滑来滑去　晃来晃去
讲来讲去　看来看去　忙来忙去　眉来眼去　眉来语去　南来北去
扭来扭去　爬来爬去　拍来拍去　跑来跑去　骗来骗去　飘来荡去
飘来飘去　抢来抢去　劝来劝去　人来人去　扫来扫去　数来数去
说来道去　说来说去　思来想去　算来算去　踢来踢去　挑来挑去
挑来选去　跳来跳去　推来抢去　推来搡去　推来推去　拖来拖去
写来写去　谢来谢去　选来选去　言来语去　雁来雁去　游来游去
朝来暮去　争来夺去　争来争去　转来转去

风里来雨里去　考虑来考虑去　平衡来平衡去　商量来商量去
算计来算计去　探讨来探讨去　讨论来讨论去　挑选来挑选去
推脱来推脱去　研究来研究去　总结来总结去　琢磨来琢磨去

【改写练习】选择“A 来 B 去”格式，改写句子中画线部分

思来想去　言来语去　选来选去　春来秋去　爬来爬去

① 他们为了养老的问题展开了激烈的谈判。你一言我一语，讲道理摆事实，都在为自己争取利益。

② 春夏秋冬四季变换，时光流逝。多年后，我返回此地，一切都变了。

③ 他们再三考虑，最后决定返回故乡。

④ 张女士挑选了半天，最后买了一件真丝连衣裙。

⑤ 爸妈不喜欢宝宝在地上到处爬，觉得很脏。可能他们不知道，会爬的孩子更聪明。

【答案】

①言来语去　②春来秋去　③思来想去　④选来选去　⑤爬来爬去

A来B往

“A 来 B 往”用来描述一种情况或事件，该事件呈现为一个主体/多个主体的动作行为重复多次发生或持续进行（时间长）。格式后面通常有表示结果、结论或相关行为的后续句。A、B 可以是同一个词，也可以是意义相近的单音节动词、形容词、名词、代词或副词。

【例释】

独来独往　表示独身往来，不与人为伍，形容孤傲不合群。

她是个性情乖僻、喜欢独来独往的人。

你来我往　形容来往非常频繁；双方相对往来，常用来比喻辩论或争执的状态。

二人你来我往，各有攻守，打了二十几招不分高下。

迎来送往　形容忙于交际和应酬。

时间过得真快呀，在迎来送往中，我们不经意又长了一岁。

【语汇】

跛来报往　常来常往　车来车往　大来小往　独来独往　寒来暑往
今来古往　开来继往　来来往往　明来明往　男来女往　南来北往
你来我往　人来客往　人来人往　泰来否往　熙来攘往　迎来送往

【改写练习】选择“A 来 B 往”格式，改写句子中画线部分

迎来送往　明来暗往　男来女往　常来常往　寒来暑往

① 他现在是酒店的门童，每日迎送来往的客人。

② 大街上男男女女来来往往，好不热闹。

③ 他们和山里的土匪有一些明里暗里的交往，这是众所周知的。

④ 时间不停地流逝，转眼几年过去，他们的孩子都已经上初中了。

⑤ 咱们已经是亲戚了，以后一定要经常来往。

【答案】

①迎来送往 ②男来女往 ③明来暗往 ④寒来暑往 ⑤常来常往

【辨析：A来B去和A来B往】

相同点：“A来B去”“A来B往”表义相同，都用来描述一种情况或事件，该事件呈现为一个主体/多个主体的动作行为重复多次发生或持续进行（时间长）。格式后面通常有表示结果、结论或相关行为的后续句。

不同点：“A来B往”与“A来B去”相比，书面色彩更重。“A来B往”的A、B限于单音节词，A、B可以是同一个词，也可以是意义相近的单音节动词、形容词、名词、代词或副词。“A来B去”的A、B不限于单音节词，A、B可以是同一个词，也可以是意义相近的动词、名词，既可以是单音节的，也可以是双音节的。

A 里 A 气

“A 里 A 气”表示对人或事物的性质、状态的评价，表示某种性状程度高，大部分都带有贬义色彩，常用于口语表达，A 大都是形容词。

【例释】

傻里傻气 形容一个人不聪明、糊涂的样子。

他看起来傻里傻气的，其实聪明着呢。

怪里怪气 形容人或者事物很奇怪的样子。

他在马路上怪里怪气地大声喊叫。

土里土气 表示人不时尚。

她喜欢穿花花绿绿的衣服，看起来土里土气的。

【语汇】

蠢里蠢气　粗里粗气　疯里疯气　怪里怪气　坏里坏气　娇里娇气
倔里倔气　老里老气　流里流气　痞里痞气　穷里穷气　傻里傻气
酸里酸气　土里土气　小里小气　秀里秀气　洋里洋气　妖里妖气
阴里阴气

【填空练习】

老里老气　怪里怪气　小里小气　流里流气

① 他的左手插在口袋里，右手拿着烟，看起来（　　　　）的。

② 她今年才 20 岁，但是喜欢穿（　　　　）的鞋子。

③ 他说话总是（　　　　）的，让人讨厌。

④ 小王从不请别人吃饭，（　　　　）的。

【答案】

①流里流气　②老里老气　③怪里怪气　④小里小气

连 A 带 B

连 A 带 B 有两种情况：

❶ 表示两种动作同时发生，不分先后。A、B 为性质相近的单音节或双音节动词。

【例释】

连说带笑　表示一边说一边笑。

他们几个人连说带笑，在河边散步。

连哭带闹　表示又哭又闹。

这个孩子连哭带闹，不想去学校。

连购物带吃饭　表示包括购物和吃饭在内。

连购物带吃饭，一上午就花了 800 多元。

【语汇】

连奔带跑　连蹦带跑　连蹦带跳　连擦带扫　连吃带喝　连吃带拿
连吃带扔　连吃带装　连吹带唱　连吹带打　连吹带拍　连吹带做

连蹿带蹦　连打带骂　连打带闹　连打带踢　连疯带颠　连关带抓
连滚带爬　连喊带叫　连喊带哭　连哄带蒙　连哄带骗　连哄带吓
连砍带杀　连哭带骂　连哭带闹　连买带借　连买带送　连买带偷
连买带运　连买带抓　连卖带送　连蒙带唬　连蒙带骗　连挠带抓
连切带剁　连切带削　连说带唱　连说带哭　连说带笑　连说带演
连弹带吹　连跳带唱　连跳带扭　连跳带玩　连跳带抓　连涂带抹
连推带搡　连洗带吹　连洗带搓　连写带画　连写带玩　连走带跑

连吃带糟蹋　连购物带吃饭　连说带比画　连说带表演
连洗澡带理发　连运动带赏景

❷ 表示两项都包括在内。A、B 为性质相近的单音节或双音节名词。

【例释】

连老带少　表示包括年老的、年轻的在内。

这次聚会，连老带少，一共有 100 多人到场。

连皮带骨　表示带着皮和骨头。

这里的羊肉炉以连皮带骨、真材实料来招揽顾客。

连老师带学生　表示包括老师和学生。

上个周末单位组织春游，连老师带学生一共去了 50 多个人。

【语汇】

连本带利　连根带梢　连根带土　连根带叶　连骨带肉　连花带果
连酒带茶　连酒带肉　连老带少　连老带小　连马带车　连男带女
连皮带骨　连皮带核　连皮带肉　连日带夜　连肉带筋　连汤带菜
连汤带饭　连汤带米　连汤带肉　连汤带水　连汤带鱼　连烟带茶
连烟带酒　连枝带叶
连饭菜带酒水　连工资带奖金　连老师带学生　连人带行李
连蔬菜带水

【填空练习】

连蹦带跳　连哭带闹　连说带演　连人带车　连饭菜带酒水

① 孩子们高兴起来了，(　　　　)地跑回了家。

② 那位相声演员(　　　　)地给大家表演了一下。

③ 她(　　　　)，吵着要离婚。

④ 这家饭店价格公道，(　　　　)一共只要140块。

⑤ 他骑车不小心，(　　　　)，摔到了沟里。

【答案】

①连蹦带跳　②连说带演　③连哭带闹　④连饭菜带酒水　⑤连人带车

龙A凤B

“龙”和“凤”是我国古代传说中的神异动物。龙能兴云降雨，凤是百鸟之王。“龙”和“凤”代表着吉祥如意。古代“龙”还指天子，是帝王的象征。“龙凤”合用多指才能优异的人。“龙”“凤”分别修饰“A、B”，A、B为单音节名词。“龙A凤B”表示某事物具有像龙凤一样的不寻常的特点。“龙”“凤”与“A、B”还可具有主谓关系，A、B为单音节动词。“龙A凤B”表示“龙”“凤”采用了某一种行为，多比喻人在某一方面优秀和不凡。

【例释】

龙飞凤舞　形容书法笔势有力，灵活舒展。

老书法家运笔潇洒自如，写出的字如龙飞凤舞。

龙肝凤胆 比喻极为难得的珍贵食物。

家常便饭有什么不好的，难道非要吃龙肝凤胆吗？

龙驹凤雏 比喻英俊秀颖的少年。

说话的是一位相貌俊美的男子，其身上的气质如龙驹凤雏。

龙姿凤采 形容姿态、风采非凡。

他见太祖皇帝龙姿凤采，暗自庆幸自己遇到了明主。

【语汇】

龙雏凤种 龙雕凤琢 龙飞凤起 龙飞凤舞 龙飞凤翥 龙肝凤胆
龙肝凤脑 龙肝凤髓 龙翰凤翼 龙驹凤雏 龙楼凤城 龙楼凤池
龙楼凤阙 龙眉凤目 龙盘凤舞 龙盘凤逸 龙盘凤翥 龙蟠凤逸
龙蟠凤翥 龙潜凤采 龙腾凤集 龙腾凤翔 龙骧凤矫 龙翔凤舞
龙翔凤跃 龙翔凤翥 龙心凤肝 龙兴凤举 龙血凤髓 龙言凤语
龙颜凤姿 龙跃凤鸣 龙章凤采 龙章凤函 龙章凤姿 龙姿凤采

【填空练习】

龙飞凤舞 龙驹凤雏 龙姿凤采 龙心凤肝

① 他的草书（　　　　），不愧是书法名家。

② 一看贵公子就是（　　　　），绝非凡人。

③ 老头忙说：“别价别价！我满肚子是气，就是（　　　　）也吃不下去。”

④ 今天有幸得见贵公子（　　　　），内心无比开心。

【答案】

① 龙飞凤舞 ② 龙驹凤雏 ③ 龙心凤肝 ④ 龙姿凤采

A龙B凤

“A龙B凤”表示对与龙凤有关的或像龙凤一样的人采取了某一行为，多用于比喻。“A、B”与“龙”“凤”具有动宾关系，A、B为单音节动词。

【例释】

攀龙附凤　比喻依附帝王或有权势的人。龙、凤指代有权势的人。

老张荣升董事长后，攀龙附凤的人很多，但是他却对这些人嗤之以鼻。

描龙绣凤　指精美的手工刺绣；泛指古代女红。

这几位女子每日描龙绣凤，自得其乐。

雕龙镂凤　表示雕刻着龙和凤。

凉亭雕龙镂凤，奢华无比。

【语汇】

扳龙附凤　乘龙配凤　雕龙画凤　雕龙刻凤　雕龙镂凤　雕龙琢凤
飞龙舞凤　描龙刺凤　描龙绣凤　攀龙附凤　攀龙托凤　炮龙烹凤
烹龙炮凤　骑龙弄凤　腾龙起凤　腾龙舞凤　游龙戏凤

【填空练习】

飞龙舞凤　雕龙画凤　攀龙附凤　腾龙舞凤

①　年轻人要有骨气，不要一天到晚想（　　　　），一步登天。

② 他的书法（　　　　），笔势有力，灵活舒展。

③ 宫殿内外（　　　　），极其奢华。

④ 希望你们这个大家族子孙兴旺，（　　　　）。

【答案】

① 攀龙附凤　② 飞龙舞凤　③ 雕龙画凤　④ 腾龙舞凤

龙 A 虎 B

A、B 为单音节动词时，“龙 A 虎 B”表示采取某一（像龙虎一样的、矫健、有活力的）行为，是一种比喻用法；A、B 为单音节名词时，“龙虎”修饰“A、B”，“龙 A 虎 B”表示某物具有某种性状，是一种比喻用法。

【例释】

龙盘虎踞　像龙盘着，像虎蹲着；形容地势雄伟险要。

此处地形龙盘虎踞，浑然天成，是块风水宝地。

龙腾虎跃　像龙在飞腾，像虎在跳跃；形容跑跳时动作矫健有力；也比喻奋起行动，有所作为。

新成长起来的一代辅导员也龙腾虎跃，准备大干一场。

运动会上，同学们精神焕发，龙腾虎跃，取得了不少好成绩。

【语汇】

龙驰虎骤　龙斗虎争　龙蹲虎踞　龙飞虎跳　龙化虎变　龙江虎浪

龙精虎猛　龙拿虎攫　龙拿虎跳　龙拿虎掷　龙盘虎踞　龙盘虎拏
龙蟠虎伏　龙蟠虎踞　龙蟠虎绕　龙跧虎卧　龙潭虎窟　龙潭虎穴
龙腾虎蹴　龙腾虎啸　龙腾虎跃　龙跳虎伏　龙跳虎卧　龙威虎震
龙骧虎步　龙骧虎视　龙骧虎啸　龙骧虎跱　龙翔虎跃　龙行虎变
龙吟虎啸　龙跃虎踞　龙跃虎卧　龙争虎斗　龙睁虎眼

【填空练习】

龙盘虎踞　龙腾虎跃　龙精虎猛

① 南京自古以来（　　　　），是形势险要之地。

② 竞技场上的运动员个个大展身手，奋力相搏，好一番（　　　　）的景象。

③ 大家一夜没睡觉，到如今还是（　　　　），毕竟他们都年轻。

【答案】

① 龙盘虎踞　② 龙腾虎跃　③ 龙精虎猛

A 龙 B 虎

“龙”“虎”是中国人的守护神和吉祥物，“龙”“虎”合用表示“矫健、充满活力、精神焕发”之意。A、B 为单音节词。

【例释】

如龙似虎　像龙和虎；比喻活泼矫健、生气勃勃。

这群小伙子在赛场上如龙似虎，充满了青春的活力。

生龙活虎　像龙和虎；比喻活泼矫健、生气勃勃。

他每天都是一副生龙活虎的模样，精神饱满，斗志昂扬。

藏龙卧虎　指隐藏着未被发现的人才，也指隐藏不露的人才。

我们家乡出了不少名人，那可是个藏龙卧虎的地方。

降龙伏虎　原指用法力制服龙虎。后比喻有极大的能力，能够战胜很强的对手或克服很大的困难。

他自信地说："我虽没有降龙伏虎的本事，但我有信心把这件事做好。"

【语汇】

藏龙卧虎　盘龙卧虎　蟠龙踞虎　蟠龙卧虎　乔龙画虎　擒龙捉虎　如龙似虎　生龙活虎　降龙伏虎

【填空练习】

生龙活虎　藏龙卧虎　降龙伏虎　如龙似虎

① 校运会上，小伙子们个个（　　　　），力争取得好的成绩。

② 我们班（　　　　），人才济济，所以在各类比赛中都出尽风头。

③ 他力排万难，（　　　　）的本事，叫人佩服。

④ 张老爹的两个儿子（　　　　），在这一带很有名望。

【答案】

①生龙活虎　②藏龙卧虎　③降龙伏虎　④如龙似虎

乱A乱B

“乱A乱B”表示动作发出者不顾规则或秩序的存在，随意做某事。“乱”表示随便或任意。A、B为意义相近的单音节动词。

【例释】

乱写乱画　表示不分场合，随意地写或者画。

严禁破坏公物，禁止在墙上乱写乱画。

乱说乱动　表示言行不守规矩。

学生上课要专心听讲，不要乱说乱动，要积极回答，积极思考。

乱吼乱叫　表示随意地大声喊叫。

他怒火万丈，像个疯子一样在街上乱吼乱叫。

【语汇】

乱蹦乱跳　乱编乱印　乱采乱伐　乱采乱挖　乱扯乱挂　乱穿乱行
乱搭乱建　乱丢乱吐　乱堆乱放　乱喊乱叫　乱吼乱叫　乱挥乱舞
乱挤乱拥　乱砍乱伐　乱刻乱画　乱垦乱伐　乱啃乱咬　乱扣乱罚
乱哭乱闹　乱拉乱挂　乱拉乱接　乱拉乱跑　乱埋乱葬　乱跑乱窜
乱跑乱叫　乱跑乱撞　乱泼乱倒　乱扑乱抓　乱扔乱倒　乱扔乱放
乱收乱摊　乱说乱动　乱提乱支　乱贴乱画　乱停乱放　乱停乱靠
乱涂乱改　乱涂乱画　乱涂乱写　乱屠乱杀　乱吐乱扔　乱推乱搡
乱修乱建　乱咬乱攀　乱占乱建　乱征乱收　乱抓乱咬

【填空练习】

乱涂乱画　乱抓乱咬　乱砍乱伐　乱挤乱拥

① 当火灾发生时，保持镇静，不要向安全出口（　　　　）。

② 处于磨牙期的宠物常出现（　　　　）的行为，让人头疼。

③ 在旅游区（　　　　）是一种破坏行为，应受到处罚。

④（　　　　）会破坏整个自然环境的生态平衡。

【答案】

① 乱挤乱拥　② 乱抓乱咬　③ 乱涂乱画　④ 乱砍乱伐

【辨析：乱A乱B和胡A乱B】

相同点：“胡 A 乱 B”“乱 A 乱 B”都表示动作发出者不顾规则或秩序而随意做某事；A、B 均为单音节动词。比如“乱写乱画”“胡写乱画”都可以表示不守规则地写画。“胡涂乱抹”也能说成“乱涂乱抹”，“胡涂乱写”也能说成“乱涂乱写”，“胡蹬乱踢”也能说成“乱蹬乱踢”，“胡撕乱咬”也能说成“乱撕乱咬”，等等。

不同点：语义上，“胡 A 乱 B”更突出做事毫无根据，“乱 A 乱 B”更突出不遵守规则和秩序。相比于“乱写乱画”，“胡写乱画”除了表示不守规则地写画，还表示写画的内容毫无依据。“胡言乱语”“胡思乱想”等突显行为（内容）毫无根据，这样的格式不能换成“乱 A 乱 B”。

屡 A 不 B

“屡 A 不 B”表示多次做某事（A）都没有出现 B 这种情况。“屡”表示接连着，不止一次。“屡 A”是过程，“不 B”是结果。A 为单音节动词，B 为单音节动词或形容词。

【例释】

屡见不鲜　表示多次见到，并不新奇。

年轻人出国留学如今已经是屡见不鲜了。

屡试不爽　表示经过很多次试验都没有差错。

这个新方案在实际运用中效果良好，屡试不爽。

屡教不改　表示多次教育，仍不改正。

犯了错误并不可怕，可怕的是屡教不改。

【语汇】

屡查不改　屡查不止　屡吃不腻　屡催不还　屡打不绝　屡罚不改
屡犯不改　屡访不遇　屡攻不克　屡攻不破　屡攻不胜　屡攻不下
屡见不鲜　屡教不改　屡教不听　屡戒不悛　屡禁不绝　屡禁不止
屡请不出　屡请不许　屡劝不改　屡劝不听　屡扫不尽　屡刹不住
屡试不第　屡试不爽　屡试不中　屡说不听　屡诉不改　屡投不中
屡验不爽　屡要不还　屡印不衰　屡映不衰　屡增不减　屡治不复
屡治不愈

【填空练习】

屡禁不止　屡劝不听　屡攻不克　屡试不第

① 此地三面环水，城防坚固，作战部队（　　　　）。

② 北京动物园表示，严禁随意投喂动物，（　　　　）的游客将被列入禁止入园名单。

③ 目前虚假广告充斥市场，（　　　　），已成为一大社会公害。

④ 他（　　　　），贫困潦倒，是一个肩不能扛、手不能提的秀才。

【答案】

① 屡攻不克　② 屡劝不听　③ 屡禁不止　④ 屡试不第

屡 A 屡 B

“屡 A 屡 B”表示多次做某事（A），都出现了相同的结果（B）。“屡”表示“接连着，不止一次”。A 是过程，B 是 A 的结果，“屡 A”和“屡 B”构成递进关系。A、B 为单音节动词。

【例释】

屡战屡败　表示多次打仗多次失败；后多比喻多次遭受挫折失败，仍然努力不懈。

不怕屡战屡败，就怕灰心丧气。

屡战屡胜 表示每一次的战争或奋斗都能取得胜利。

这支部队在战场上屡战屡胜，锐不可当。

屡试屡验 表示多次试验，都很灵验。

试验的结果是屡试屡验，充分有效。

【语汇】

屡败屡战 屡踣屡起 屡查屡犯 屡查屡有 屡犯屡错 屡废屡建
屡废屡兴 屡攻屡败 屡攻屡补 屡攻屡挫 屡建屡毁 屡建屡圮
屡教屡犯 屡禁屡犯 屡纠屡犯 屡仆屡起 屡审屡犯 屡审屡现
屡试屡败 屡试屡爽 屡试屡踬 屡兴屡废 屡巡屡犯 屡战屡捷

【填空练习】

屡攻屡挫 屡查屡犯 屡败屡战 屡废屡建

① 大报恩寺是南京历史最为悠久的佛教寺庙，千余年间，（ ），寺名屡屡更易。

② 人生的光荣，不在永不失败，而在于能够（ ）。

③ 对严重危害群众身心健康、（ ）的环境违法企业，要加大处罚力度。

④ 作战部队的进攻很不顺利，（ ）。

【答案】

① 屡废屡建 ② 屡败屡战 ③ 屡查屡犯 ④ 屡攻屡挫

M

眉A眼B

“眉 A 眼 B”形容人的表情。A、B 多是意义相近或相反的单音节动词、形容词或名词。

【例释】

眉来眼去　形容用眉眼传情；多指不正当地勾搭。

这个学期我坐在一对情侣中间，两个人在课堂上眉来眼去，“狗粮”吃饱啦。

眉欢眼笑　表示非常高兴和兴奋。

我们一家人得知哥哥考上了大学，都乐得眉欢眼笑。

眉高眼低　表示脸上表情的变化；泛指为人处事的方法或辨貌观色的本领。

我不愿意总是看别人的眉高眼低做事。

大家都不说话了，就他看不出眉高眼低，还在高谈阔论。

【语汇】

眉飞眼笑　眉高眼低　眉高眼下　眉欢眼笑　眉尖眼尾　眉开眼笑
眉来眼去　眉舒眼笑　眉头眼后　眉头眼脑　眉弯眼笑

【填空练习】

眉尖眼尾　眉来眼去　眉欢眼笑　眉高眼低

① 从他们的（　　　　），我们能推测，他们来此目的不简单。

② 听到他们胜利的消息，人们（　　　　）。

③ 你有没有注意到，会场上，他们两个人一直（　　　　）。

④ 你都多大的人了，怎么就看不出个（　　　　）来？

【答案】

①眉尖眼尾　②眉欢眼笑　③眉来眼去　④眉高眼低

A 眉 B 眼

“A 眉 B 眼”形容人的面部表情或样貌。A、B 为意义相近或相关的动词、形容词或名词。

【例释】

俏眉俊眼　表示样貌俏丽俊朗。

她长得俏眉俊眼，眉毛像柳叶儿一般又细又长。

挤眉弄眼　表示用眉眼向别人传情或示意。

上课的时候，两个人一直挤眉弄眼的。

喜眉笑眼　表示满脸喜笑的样子。

她长得不高不矮，不胖不瘦，脸色黑里透红，天生一副喜眉笑眼。

【语汇】

安眉带眼	白眉赤眼	蚕眉星眼	迟眉钝眼	愁眉苦眼	愁眉泪眼
慈眉笑眼	粗眉大眼	淡眉细眼	低眉垂眼	低眉合眼	低眉顺眼
怪眉怪眼	鬼眉鬼眼	鬼眉溜眼	横眉瞪眼	横眉冷眼	横眉立眼
横眉竖眼	欢眉喜眼	挤眉弄眼	假眉假眼	焦眉愁眼	焦眉烂眼
焦眉皱眼	俊眉俊眼	开眉笑眼	开眉展眼	狼眉鼠眼	冷眉冷眼
立眉瞪眼	立眉立眼	立眉竖眼	柳眉大眼	柳眉凤眼	柳眉星眼
柳眉杏眼	龙眉凤眼	没眉没眼	描眉画眼	拧眉瞪眼	浓眉大眼
浓眉俊眼	铺眉苫眼	乔眉画眼	俏眉俊眼	臊眉耷眼	傻眉愣眼
山眉水眼	善眉善眼	神眉鬼眼	舒眉展眼	疏眉细眼	熟眉熟眼
竖眉瞪眼	死眉瞪眼	耸眉瞪眼	送眼流眉	酸眉醋眼	锁眉闭眼
土眉土眼	歪眉斜眼	喜眉笑眼	细眉大眼	细眉细眼	掀眉瞪眼
鲜眉亮眼	笑眉笑眼	斜眉吊眼	秀眉大眼	秀眉秀眼	秀眉重眼
有眉有眼	愚眉肉眼	月眉星眼	贼眉溜眼	贼眉鼠眼	贼眉贼眼
张眉努眼	张眉张眼	直眉瞪眼	直眉楞眼	直眉睖眼	皱眉蹙眼

【填空练习】

低眉顺眼　喜眉笑眼　愁眉苦眼　俏眉俊眼

① 爷爷第一次见孙子，乐得（　　　　）。

② 小姑娘（　　　　）地站着，一句话也不敢说。

③ 张老爷一言不发，（　　　　）的，坐在那里落泪。

④ 这个小姑娘长得不错，（　　　　），长挑身材，鸭蛋脸儿。

【答案】

① 喜眉笑眼　② 低眉顺眼　③ 愁眉苦眼　④ 俏眉俊眼

A门B户

“A 门 B 户”有两种情况：

❶A、B 为动词，“A 门 B 户”表示独立支撑家庭或对某一家采取某种行动，A、B 为意义相近或相类的单音节动词。

【例释】

挨门逐户 表示按照顺序到各家各户（做某事），一家也没有漏掉。

为了帮助孩子治病，他挨门逐户去借钱。

当门立户 表示支撑门户；指独立主持或担当某一方面的工作。

那种不能“当门立户”的男人，你不能嫁给他。

灭门绝户 表示全家都死了，无一人幸免于难。

老实本分的一家四口，却被灭门绝户了。

【语汇】

挨门挨户　挨门串户　挨门逐户　闭门杜户　闭门塞户　闭门锁户
撑门立户　重门叠户　出门入户　穿门过户　穿门入户　当门立户
登门串户　登门上户　顶门立户　顶门壮户　分门别户　分门立户
关门闭户　关门掩户　进门入户　开门敞户　开门立户　灭门绝户
破门入户　欺门霸户　敲门打户　敲门扣户　敲门入户　敲门砸户
辱门败户　上门串户　上门入户　闩门闭户　依门傍户　倚门傍户
倚门窥户　砸门入户　走门串户

❷“A 门 B 户”表示家庭具有的特征，A、B 为意义相同或相近的单音节形容词。

【例释】

蓬门荜户　表示住着用蓬草和荆条等做成的房子；形容家穷，房屋简陋。

我们祖祖辈辈都是蓬门荜户，哪里有高门大户的亲戚。

小门小户　表示地位低的平民人家。

作为一个小门小户的人，要注意节俭。

【语汇】

柴门荜户	大门大户	单门独户	独门独户	独门小户	高门大户
孤门独户	寒门小户	豪门大户	豪门富户	金门绣户	锦门绣户
巨门大户	老门旧户	老门老户	名门大户	名门富户	名门贵户
名门利户	蓬门荜户	千门百户	千门万户	清门静户	穷门小户
三门四户	同门异户	小门小户	朱门大户	朱门绮户	朱门绣户

【填空练习】

顶门立户　关门闭户　小门小户　登门串户　名门大户

① 一些女明星希望自己嫁入（　　　　），最终过上富家太太的生活。

② 你已经三十岁了，也成家了，应该能够（　　　　）了。

③ 社区工作人员（　　　　），登记各家的人口信息。

④ 天还傍晚的时候，他家就（　　　　），悄无声息了。

⑤ 他是（　　　　）家的孩子，没见过大场面，所以才会被吓得说不出话来。

【答案】

①名门大户　②顶门立户　③登门串户　④关门闭户　⑤小门小户

明 A 暗 B

“明 A 暗 B”表示表面和暗地里都采取某一行为或者有某种事物，A、B 为意义相近的单音节动词或名词；也表示表面和暗地里都采取不一样的行为，A、B 为意义相反的单音节动词。

【例释】

明争暗斗 表示表面上和暗地里都在进行争斗。

明明是一家人，可总是明争暗斗。

明枪暗箭 比喻种种公开的和隐蔽的攻击、伤害。

老张在公司几十年了，明枪暗箭，不知道经历过多少。

明升暗降 多用于官场，表示表面上升官，而实际上被削去权力而降职。

明升暗降是官场上常见的伎俩。

【语汇】

明察暗访 明拆暗建 明吃暗夺 明打暗保 明碉暗堡 明放暗收
明岗暗哨 明沟暗壑 明疾暗患 明劫暗偷 明坑暗道 明来暗往
明廉暗察 明拿暗窃 明弃暗取 明枪暗箭 明抢暗盗 明抢暗夺
明抢暗偷 明缺暗补 明升暗降 明推暗就 明争暗斗 明争暗夺
明争暗赛 明珠暗投 明抓暗访 明追暗纵

【填空练习】

明察暗访　明枪暗箭　明珠暗投　明升暗降

①　警局经过（　　　　），掌握了大量证据，终于了结了这个案子。

②　一个人再有才干，如果入错了行，也是（　　　　），无法尽情发挥。

③　生活中有太多（　　　　），哪里能全部躲过，不如专注做自己该做的事。

④　表面上看，老张升任新公司的董事长，其实是（　　　　）。

【答案】

①明察暗访　②明珠暗投　③明枪暗箭　④明升暗降

A 模 B 样

“A 模 B 样”表示人具有某种样貌特征或采取某种与人的样貌相关的行为。A、B 为单音节形容词、动词或名词。A、B 可以是同一个词，也可以是不同的词。

【例释】

大模大样　形容态度傲慢、目中无人的样子。

他一进会议室就大模大样地坐在椅子上。

人模狗样　表示身份是人，举止形容却像狗，多用于嘲讽。

别看他长得人模狗样的，其实猪狗不如。

怪模怪样　表示穿着打扮古怪。

他打扮得怪模怪样，吸引了大家好奇的眼光。

装模作样　表示故意做出某种姿态。

大家都在写作业，张晓斌也不情愿地打开作业本，装模作样地写起来。

【语汇】

笨模笨样　大模大样　狗模狗样　怪模怪样　鬼模鬼样　好模好样
假模假样　俊模俊样　全模全样　人模狗样　人模鬼样　人模人样
傻模傻样　似模似样　像模像样　小模小样　依模画样　有模有样
原模原样　照模学样　照模照样　装模作样

【填空练习】

人模狗样　大模大样　原模原样　有模有样

① 她喜欢模仿歌星张伟唱歌，模仿得（　　　　）。

② 老师进来了，你怎么还是（　　　　）地坐在这里？

③ 屋子里的一切还是（　　　　），跟我十年前离开时的样子没有两样。

④ 别看他平时（　　　　）的，他可不是什么好东西。

【答案】

① 有模有样　② 大模大样　③ 原模原样　④ 人模狗样

N

南A北B

A、B为动词时，“南A北B”表示在南北不同方向或地域采取某种行为；A、B为名词时，“南A北B”表示南北不同地域的事物具有某种典型的特征。“南”“北”表示方向或地域，A、B为单音节词。

【例释】

南征北战 表示转战南北，经历了许多战斗。

爷爷是经过南征北战的老战士。

南腔北调 表示有南北方不同的口音；也形容说话口音不纯，掺杂着方言。

这座城市里涌进来大批南腔北调的生意人。

南船北马 表示南方人善于驾船，北方人善于骑马；指各人均有所长。

铁路运输取代大运河之后，淮阴也失去了它的“南船北马”转运站的作用。

【语汇】

南奔北走 南船北车 南船北马 南贩北贾 南航北骑 南箕北斗

南橘北枳　南来北去　南来北往　南腔北调　南拳北腿　南鹞北鹰
南舣北驾　南辕北辙　南棹北辕　南征北伐　南征北讨　南征北战

【填空练习】

南船北马　南拳北腿　南辕北辙　南征北战

① 这支军队（　　　　），取得了一系列的重大胜利。

② 中华武术有（　　　　）之说，南北少林，技法各有侧重。

③ 学习不讲效率和质量，反而只追求速度不是（　　　　）吗？

④（　　　　），北方运输自然以车马为主。

【答案】

① 南征北战　② 南拳北腿　③ 南辕北辙　④ 南船北马

A南B北

“南北”本来实指南北两个方向，后也可泛指各地。A、B为动词时，“A南B北”表示在不同方位或地域采取某一行为；A、B为名词时，“A南B北”表示某物的南北两个方位。

【例释】

通南彻北　表示贯穿南北。

一条运河通南彻北，造福了这一带人民。

天南海北　表示距离遥远的不同地区；也表示（谈话）漫无边际。

大学一毕业，同学们天南海北，后会无期。

江南塞北　原指古凉州治内贺兰山一带；后泛指塞外富庶之地。

从广州到哈尔滨一路北上，他看到了江南塞北好风景。

【语汇】

闯南走北　江南海北　江南塞北　眉南面北　面南背北　山南海北
山南水北　天南地北　天南海北　通南彻北　指南攻北　走南闯北

【填空练习】

走南闯北　天南海北　天南地北

① 小刘这几年来（　　　　），长了不少见识。

② 开学第一天他便结识了来自（　　　　）的朋友。

③ 他们在一起，觉得很自在，可以（　　　　）、无拘无束地聊天。

【答案】

① 走南闯北　② 天南海北　③ 天南海北 / 天南地北

难以 A

“难以 A”表示在某种情况下，不能或不易做某事。A 为双音节动词。

【例释】

难以置信 表示很难相信，常用来形容事情发生得出人意料，让人惊讶。

这个新闻让人难以置信。

难以下咽 表示味道不好，吃不下去。

这个李子又酸又涩，简直难以下咽。

难以理喻 表示很难用道理说明。

能做出这样无耻的行为的人，难以理喻。

难以启齿 表示很难说出口。

老师的要求不合理，我想拒绝，但难以启齿。

【语汇】

难以承受 难以达到 难以打败 难以拒绝 难以决断 难以抗拒
难以控制 难以理解 难以理喻 难以满足 难以描述 难以名状
难以企及 难以启齿 难以忍受 难以释怀 难以挽回 难以忘怀
难以下咽 难以想象 难以形容 难以预料 难以战胜 难以置信
难以捉摸

【填空练习】

难以抗拒 难以忍受 难以忘怀 难以想象

① 这个婴儿实在太可爱了，粉扑扑的小脸让人（　　　　）。

② 迎客松在高高的山顶上向人们挥着手，（　　　　）在这样的环境下它依然屹立不倒。

③ 一些童年的快乐时光至今令我（　　　　）。

④ 她用钢铁般的意志克服了一般人（　　　　）的痛苦。

【答案】

① 难以抗拒 ② 难以想象 ③ 难以忘怀 ④ 难以忍受

内 A 外 B

“内 A 外 B”表示人的内心和外表具有某种性状，也表示事物的内外情况不同。A 和 B 为意义相关、相近或相反的单音节动词、形容词或名词。

【例释】

内柔外刚 表示内心柔弱，外表刚强。

别看小丽平时做事风风火火，熟悉她的人都知道她内柔外刚，是一个十分温柔的女孩。

内忧外患 表示国内的变乱和外来的祸患。

在内忧外患的时期里，中国涌现了一批又一批的英雄。

内紧外松 有时指政策的收紧与放宽；有时也指人的心情，即内心紧张，态度镇静。

警方内紧外松，诱使嫌疑人自己走出来，成功解决了这起棘手的案件。

【语汇】

内查外调	内紧外松	内峻外和	内冷外热	内清外浊	内热外寒
内仁外义	内柔外刚	内伤外感	内疏外亲	内小外大	内修外攘
内应外合	内硬外软	内忧外患	内忧外侮	内圆外方	内重外轻

【填空练习】

内热外寒　内忧外患　内圆外方　内冷外热

① 天坛公园有两道围护墙，(　　　　)的布局符合中国天圆地方的说法。

② 苹果公司正处于(　　　　)的局面，一方面要面对来自竞争对手的压力，另一方面还要承受美国与欧盟的反垄断措施。

③ 这种药能够清热解毒，多用于(　　　　)的症状。

④ 你跟他交往时间长了就知道，他是一个(　　　　)的人。

【答案】

① 内圆外方　② 内忧外患　③ 内热外寒　④ 内冷外热

能 A 能 B

"能 A 能 B"表示 A、B 两种动作行为都可以做，表示既能这样又能那样。A、B 是意义相反的单音节动词或形容词。

【例释】

能开能合　表示能打开，也能关闭。

能开能合的雨伞，传说是鲁班的妻子发明的。

能文能武　表示既有文才，又通武艺；现常指既能动笔又有实际工作能力。

他这个人，能文能武，工作思路清晰，办事干净利索，是个难得的人才。

能屈能伸 表示能弯曲也能伸直；指人能适应各种境遇。

大丈夫能屈能伸，这点小小的挫折算得了什么！

能上能下 表示干部不计较职位高低，能在领导岗位工作，也能在基层工作。

政府正在建立“职务能上能下，待遇能升能降”的岗位竞聘工作机制。

【语汇】

能爱能恨 能变能化 能长能短 能唱能跳 能吃能喝 能吃能睡
能粗能细 能大能小 能动能静 能读能写 能短能长 能方能圆
能防能治 能放能收 能高能矮 能高能低 能歌能舞 能攻能守
能贵能贱 能见能闻 能进能出 能进能退 能开能合 能快能慢
能胖能瘦 能跑能跳 能强能弱 能轻能重 能屈能伸 能容能忍
能柔能刚 能软能硬 能上能下 能伸能缩 能深能浅 能升能降
能收能放 能书能画 能说能听 能踢能打 能翕能张 能言能行

【填空练习】

能宽能窄 能稀能稠 能屈能伸 能吃能睡 能攻能守

① 他最优秀的气质是（ ），从不固执。

② 他制造的双轮手推车，车厢（ ），放开可装体积大的货物，收起来可以运土。

③ 孩子有人照看，（ ），长得很快。

④ 这支部队有老红军的底子，久经战斗考验，（ ）。

⑤ 面条做法多样、（ ），是非常方便的食物。

【答案】

①能屈能伸 ②能宽能窄 ③能吃能睡 ④能攻能守 ⑤能稀能稠

【辨析：可A可B和能A能B】

共同点：“可A可B”和“能A能B”都表示“既可以这样也可以那样”。

不同点：第一，“可A可B”还表示“值得做”，“能A能B”没有这个用法。第二，“可A可B”能表示“可以这样、不可以那样”，B为A的否定形式，如“可买可不买、可吃可不吃、可来可不来”，“能A能B”没有这个用法。

能A善B

“能A善B”表示在某一方面有特长。“能”“善”意义相近，都是“擅长”的意思，A、B多为意义相近的单音节动词、名词。

【例释】

能言善辩 表示说话能力、辩论能力比较强。

在古代人眼中能言善辩的人大都不是好人。现代人否定了这一看法。

能征善战 表示善于打仗。

战士们个个都能征善战。

能歌善舞 表示唱歌跳舞水平高。

蒙古族是一个酷爱音乐的能歌善舞的民族。

【语汇】

能奔善跑 能打善斗 能打善拼 能打善战 能歌善舞 能攻善守 能攻善战 能喝善饮 能决善断 能侃善聊 能谋善断 能骑善射 能诗善赋 能诗善画 能诗善文 能诗善饮 能守善攻 能书善画 能说善辩 能说善道 能弹善唱 能文善武 能言善辩 能言善道 能言善谈 能征善战 能织善绣

【填空练习】

能谋善断 能骑善射 能言善道 能歌善舞 能吹善奏

① 他的母亲是婚介所的，（　　　　）。

② 他一直在苦苦寻找一位（　　　　）的职业经理人，帮自己上市。

③ 音乐学院毕业的他们都（　　　　）、（　　　　），多才多艺。

④ 蒙古族人自小在马背上长大，（　　　　）。

【答案】

①能言善道 ②能谋善断 ③能吹善奏/能歌善舞 ④能骑善射

【辨析：能A善B和能A能B】

共同点：“能 A 能 B”和“能 A 善 B”都表示可以做 A、B 两种动作行为。A、B 都可以是单音节动词。

不同点：“能 A 能 B”表示既能这样又能那样；“能 A 善 B”语义上突显善于、擅长（某种行为）。“能 A 能 B”的 A、B 是意义相反的单音节动词、形容词。“能 A 善 B”的 A、B 为意义相近的单音节动词、名词。A、B 为名词的“能诗善赋、能诗善画”不能说成“能诗能赋、能诗能画”；A、B 为形容词的“能大能小、能长能短”不能说成“能大善小、能长善短”。

你A我B

“你 A 我 B”表示多人施行某种行为（A、B）或者处于某种状态。“你”“我”不是实指，代表两个不同的主体，也可以宽泛地表示两个阵营、两方。

“你 A 我 B”有两种情况：

❶A、B 代表着的两种行为（或性状）是多人或双方统一的集体行为（或性状），“你 A 我 B”凝固为一个整体，强调的是两个或多个主体之间的亲密或竞争的关系。A、B 为单音节动词。

【例释】

你情我愿　表示双方都情愿。

结婚本来就是一个你情我愿的事情，谁也不能强迫谁。

你言我语　表示人们互相议论或争论，表达自己的意见。

辩论会上，他们你言我语，争论起来。

你推我搡　形容人群混乱，人们互相推挤、拉扯。

假期，商场里人来人往，你推我搡，几乎没有站脚的地方。

【语汇】

你帮我助	你奔我跑	你蹦我跳	你猜我想	你吵我闹	你冲我杀
你吹我捧	你打我闹	你恩我爱	你拉我扯	你来我往	你怜我爱
你谦我让	你情我愿	你说我笑	你贪我爱	你推我挤	你推我让
你推我搡	你言我语	你争我夺	你追我打	你追我赶	

❷A、B 代表的两种行为（或性状）具有对比性。“你 A 我 B”强调有人（一方）这样做，有人（另一方）那样做。A、B 代表的两种行为（或性状）构成对比。如果 A、B 为动词，那么它们时间上有先后，先 A 后 B。A、B 还可为单音节形容词或名词。

【例释】

你大我小　表示一方大一方小。　**你高我低**　表示一方高一方低。

争什么你大我小、你高我低，单位哪有那么多事？

你无我有　表示一方有，另一方没有。

你有我精　表示一方有（某物），另一方（某物）做得更好。

现在做农产品开发，要做到你无我有，你有我精，不是拼价格，而是拼质量。

你长我短 表示谈论得非常激烈。

日子长了，室友之间有点儿你长我短，吵吵小架，这个不稀奇。

【语汇】

你长我短 你倡我随 你唱我和 你大我小 你点我播 你东我西
你高我低 你攻我守 你厚我薄 你呼我应 你进我退 你精我新
你来我挡 你来我走 你买我卖 你前我后 你强我弱 你青我绿
你上我下 你输我赢 你说我写 你问我答 你无我有 你有我精
你远我近 你早我迟 你左我右

【填空练习】

你言我语 你说我写 你强我弱 你长我短 你卖我买

① 二人（　　　　），十来句后，越觉亲密起来。

② 好朋友，非得比出个（　　　　），你认为有必要么？

③ 数千只小船挤在一起，商人们这时候是最忙的，（　　　　），非常壮观。

④ 我们俩一起准备给学生们的贺年卡，（　　　　）。

⑤ 婚姻里没有（　　　　），胜负输赢。

【答案】

①你言我语 ②你长我短 ③你卖我买 ④你说我写 ⑤你强我弱

A年B月

“A 年 B 月”表示经过时间或具有某个特征的时间。“年”“月”不指具体的时间，为虚指，表示约数。A、B 可为单音节名词、动词或形容词。

【例释】

猴年马月　表示不可知的年月。

你这样下去，猴年马月才能完成。

积年累月　表示经过的时间长。

他每天练习小提琴，积年累月，居然得了国际大奖。

有年无月　表示日子拖得长久，没有确定的期限。

把老房子换成新房子住，看来是有年无月。

【语汇】

长年累月　成年累月　芳年华月　猴年马月　积年累月　经年累月
驴年马月　骑年盖月　穷年累月　生年死月　生年卒月　有年无月
整年累月

【填空练习】

猴年马月　积年累月　芳年华月　有年无月　生年卒月

① 老张这一离开，不知道（　　　　）才能再见面。

② 父母不分白天黑夜，（　　　　），为我们几个孩子操劳。

③ 姑娘，别用你的（　　　　）去等一个不值得等的人。

④ 墓碑上刻着他的（　　　　）。

⑤ 再拖延下去，落得（　　　　），更不能成事了。

【答案】

①猴年马月 ②积年累月 ③芳年华月 ④生年卒月 ⑤有年无月

P

A朋B友

“A 朋 B 友”表示结交朋友或对朋友做出某种行为，A、B 为动词；“A 朋 B 友”也表示具有某方面特点的朋友，A、B 为形容词或名词。

【例释】

狐朋狗友 泛指一些吃喝玩乐、不务正业的朋友。

这一帮狐朋狗友们，整天在一起不是喝酒就是赌博。

文朋诗友 指常在一起作诗唱词的朋友。

文朋诗友相聚雨田工作室，大家聊得很开心。

呼朋唤友 指招引意气相投的人。

小王整天不务正业，天天呼朋唤友，四处游荡。

【语汇】

称朋道友 呼朋唤友 呼朋引友 狐朋狗友 交朋待友 交朋结友
交朋识友 结朋识友 聚朋会友 馈朋赠友 良朋益友 面朋口友
亲朋故友 亲朋好友 亲朋戚友 亲朋至友 亲朋挚友 诗朋酒友
说朋道友 拖朋带友 文朋诗友 偕朋带友 新朋故友 新朋好友
新朋旧友 新朋老友 邀朋聚友 淫朋密友 招朋待友 猪朋狗友

【填空练习】

新朋旧友　亲朋故友　狐朋狗友　交朋结友　馈朋赠友

①　我们准备好了一些礼物，存放在库房，大家可以用这些礼物（　　　）。

②　农历八月十五中秋节，（　　　）聚在一起，饮酒谈笑。

③　（　　　）欢聚在中国大使馆，庆祝中国传统新年。

④　（　　　）原则有二：一是思想认知相同，二是留足空间和距离。

⑤　她老公爱喝酒，总是和一些人品不好的（　　　）饮酒狂欢。

【答案】

①馈朋赠友　②亲朋故友　③新朋旧友　④交朋结友　⑤狐朋狗友

披A戴B

“披A戴B”表示披着某物、戴着某物。A、B为单音节名词，表示具体的事物。

【例释】

披麻戴孝　指长辈去世，子孙身披麻布孝服，腰系麻绳等，表示哀悼。

父亲死了，他披麻戴孝，以尽哀悼之情。

披星戴月 身披星星，头戴月亮；形容连夜奔波或早出晚归，十分辛苦。

老师很辛苦，放学了还要批改作业，每天很晚回家，披星戴月的。

披红戴花 披着绸，戴着红花；表示喜庆或光荣。

就在此时，一支披红戴花的队伍进入了长安城。

披罗戴翠 披着锦绣罗缎，戴着翡翠首饰；形容衣饰华丽。

这位夫人在平时生活中也披罗戴翠，一看就是富贵人家。

【语汇】

披红戴花　披枷戴锁　披金戴银　披金戴玉　披盔戴甲
披罗戴翠　披麻戴孝　披毛戴角　披蓑戴笠　披星戴月

【填空练习】

披星戴月　披甲戴盔　披麻戴孝　披红戴花

① 老人去世后，儿孙们要（　　　　）。

② 为了完成这项技术改造工作，他（　　　　），干了好几个晚上。

③ 在打仗的时候，士兵们（　　　　），气势汹汹，都希望能取得胜利。

④ 仪态万方的礼仪小姐上台，给获奖人员（　　　　），大家都很高兴。

【答案】

① 披麻戴孝　② 披星戴月　③ 披甲戴盔　④ 披红戴花

A 皮 B 脸

“A 皮 B 脸”形容某种形象。A、B 是带有贬义色彩的词，多为形容词、动词。A、B 有时可为同一个词。

【例释】

嬉皮笑脸　形容嬉笑不严肃的样子。

老师批评他，他还是不以为然，嬉皮笑脸的，惹得老师更生气了。

厚皮老脸　指人脸皮厚，不知羞耻。

一把年纪了，面对别人对他吐痰的指责，这个大爷厚皮老脸的，好像一点儿也不在意。

死皮赖脸　形容人厚着脸皮，纠缠不休。

明明都分手了，王红的男朋友还死皮赖脸地缠着她。

没皮没脸　表示不知羞耻，不要脸面。

这小子自小就没皮没脸又贪生怕死，大家都不爱和他交朋友。

【语汇】

厚皮老脸　没皮没脸　讪皮讪脸　死皮赖脸　嬉皮涎脸　嬉皮笑脸
涎皮赖脸　涎皮涎脸

【填空练习】

死皮赖脸　没皮没脸　嬉皮笑脸　厚皮老脸

① 人活一张脸，树活一张皮。要是（　　　　），就可以称得上是“天下无敌”了。

② 不知道他从哪里学得这样（　　　　），对待不熟悉的女孩也要随意搭讪。

③ 都说了已经下班了，但是小李还是站在店门口，（　　　　）不肯离开。

④ 平时的我爱开玩笑，时常一副（　　　　）的样子，但我很少向人展示自己的内心。

【答案】

① 没皮没脸　② 厚皮老脸　③ 死皮赖脸　④ 嬉皮笑脸

Q

七A八B

“七A八B”表示事物、性状或行为多或多而杂乱。A、B为单音节名词、动词或形容词；也可为双音节短语。

【例释】

七大姑八大姨 表示亲戚众多。

孩子在学说话的时候，有没有被七大姑八大姨之类的亲属称谓搞晕了？

七手八脚 表示很多人一起动手的样子。

他晕倒后，人们七手八脚，把他送去了医院。

七嘴八舌 形容人多话杂不停口。

听到这个事情以后，大家七嘴八舌地议论起来。

七病八痛 表示各种各样的病痛。

母亲上了年纪，一年到头，七病八痛的。

【语汇】

七搬八搬　七变八变　七病八倒　七病八痛　七病八灾　七步八叉
七藏八遮　七缠八缠　七长八短　七吵八闹　七冲八跌　七冲八撞
七传八传　七疮八孔　七凑八凑　七搭八扯　七搭八搭　七大八小
七担八挪　七倒八歪　七颠八倒　七碟八碗　七躲八闪　七缝八补

七改八改　七高八低　七搞八弄　七拱八翘　七沟八壑　七沟八梁
七姑八姨　七股八岔　七拐八拐　七拐八绕　七逛八逛　七横八吊
七慌八乱　七昏八倒　七荤八素　七加八加　七借八凑　七开八得
七口八嘴　七扣八除　七扣八扣　七拉八扯　七捞八攘　七聊八扯
七聊八聊　七零八乱　七零八落　七零八碎　七满八平　七摸八摸
七难八苦　七扭八拐　七弄八弄　七拼八凑　七破八补　七牵八扯
七青八黄　七绕八绕　七上八落　七上八下　七手八脚　七税八费
七死八活　七算八算　七损八伤　七损八益　七所八站　七涂八写
七推八阻　七托八转　七拖八欠　七拖八拖　七歪八扭　七歪八斜
七弯八拐　七弯八扭　七问八问　七窝八代　七想八想　七斜八歪
七修八改　七寻八找　七言八语　七仰八叉　七远八远　七晕八眩
七早八早　七招八式　七找八找　七折八扣　七支八搭　七转八拐
七纵八横　七足八手　七嘴八舌

七大姑八大姨

【填空练习】

七手八脚　七折八扣　七大姑八大姨　七上八下　七嘴八舌

① 这件衣服原价是2000多块，(　　　　)以后只卖100块钱，多合算呀。

② 听说公司要裁员，大家心里都(　　　　)的。

③ 在课堂讨论中大家你一言我一语，(　　　　)，就网络上的影响和存在的各种问题，谈了不少自己的想法。

④ 大家(　　　　)，一会儿就把会场布置好了。

⑤ 中国的亲戚称谓十分复杂，(　　　　)的，让外国人一听头都大了。

【答案】

①七折八扣　②七上八下　③七嘴八舌　④七手八脚　⑤七大姑八大姨

奇A怪B

“奇A怪B”表示奇异的、罕见的、跟一般情况不同的事物。A、B为名词或名词性语素。

【例释】

奇禽怪兽　表示形状奇特、罕见的鸟兽。

这本书记载了上古时期的奇禽怪兽，它们有的能给人间带来安宁，有的会带来兵灾和战争之苦。

奇思怪想　表示异乎寻常的或不合逻辑的想法。

每天晚上风一吹，窗帘开始摇摆，我就生出一个奇思怪想：这个窗帘后面一定有一个怪物。

奇谈怪论　表示奇怪的、不近情理的言论。

他的那些奇谈怪论，我听不懂，也不想听。

【语汇】

奇方怪药　奇峰怪石　奇峰怪树　奇瓜怪果　奇瓜怪蔬　奇花怪草
奇花怪洞　奇花怪毒　奇花怪境　奇花怪木　奇花怪石　奇花怪树
奇男怪女　奇禽怪兽　奇趣怪石　奇趣怪谈　奇山怪峰　奇山怪石
奇山怪岩　奇思怪想　奇谈怪论　奇闻怪事　奇形怪体　奇形怪物
奇形怪状　奇言怪谈　奇言怪行　奇言怪语　奇岩怪石　奇园怪楼

【改写练习】选择“奇A怪B”格式，改写句子中画线部分

奇山怪石　奇闻怪事　奇思怪想　奇言怪语　奇禽怪兽

① 一走进拙政园，你会看到一些山石，它们形状奇怪，引人驻足。

② 在博物馆看生物进化进程展览的时候，我产生了一个奇怪的想法：如果地球生命没有进化，地球会是什么样呢？

③ 《山海经》是中国古代的一部奇书，描写了一些鸟兽，样子很奇怪。

④ 古代有一部书，名字是《搜神记》，记录了一些奇怪的事情和传闻。

⑤ 他现在意识不清，嘴里不停地讲一些别人听不懂的奇怪的话。

【答案】

① 奇山怪石 ② 奇思怪想 ③ 奇禽怪兽 ④ 奇闻怪事 ⑤ 奇言怪语

奇A异B

“奇A异B”表示新奇的、跟一般情况不同的事物。A、B为名词。

【例释】

奇花异草 指稀奇少见的花草。

世界上的奇花异草众多，有的花长得像鸽子，有的花长得像人的嘴，有的草长得像老虎的胡须，还有的草长得像冰淇淋……

奇山异石 指形状奇怪的山、石。

张果老大峡谷，奇山异石别具一格。

奇闻异事 表示难以理解、不可思议的事。

他常常跟我们讲起他那些年在外闯荡时听到的奇闻异事。

【语汇】

奇宝异石　奇才异能　奇车异船　奇方异术　奇风异景　奇风异俗
奇峰异谷　奇峰异石　奇蛊异毒　奇瓜异菜　奇瓜异果　奇观异景
奇光异彩　奇光异景　奇光异色　奇花异草　奇花异卉　奇花异木
奇花异鸟　奇楼异厦　奇毛异骨　奇门异法　奇门异术　奇木异草
奇葩异卉　奇腔异调　奇禽异兽　奇情异恋　奇情异趣　奇情异致
奇人异士　奇人异事　奇山异洞　奇山异景　奇山异石　奇山异水
奇声异响　奇石异洞　奇石异木　奇书异传　奇树异草　奇思异想
奇藤异草　奇藤异树　奇文异字　奇闻异事　奇闻异志　奇香异味
奇啸异响　奇腥异臭　奇形异相　奇形异状　奇岩异石　奇药异草
奇灾异祸　奇招异式　奇珍异宝　奇珍异品　奇装异服　奇姿异彩
奇姿异态

【改写练习】选择“奇 A 异 B”格式，改写下列句子中的画线部分

奇珍异宝　奇花异草　奇闻异事　奇山异石

① 他去过很多地方，也见过一些我们平时很少见的宝物。

② 这部书记录了一些少见的见闻故事。

③ 这是皇帝的花园，里面有世界上稀奇少见的花草。

④ 黄山有少见的山峰石头，吸引着摄影爱好者。

【答案】

① 奇珍异宝　② 奇闻异事　③ 奇花异草　④ 奇山异石

A前B后

A、B表示空间方位和时间方位。A、B为名词，“A前B后”表示事物的空间范围。A、B是占据一定空间的事物名词，多为自然物、建筑、工具、人体，共同的特征是有形的、实体的。A、B为动词，“A前B后”表示在某个空间范围/时间范围采取某一行为。

【例释】

思前想后 表示反复思考事情的原因和后果。

张局长思前想后，最后决定把自己所犯的错误向上级坦白。

庭前屋后 表示房屋前后的位置。

工作人员在老李庭前屋后发现了19枚炸弹。

人前人后 当面或背后；泛指许多人中间。

不要在人前人后讲一些不正经的话。

【语汇】

鞍前马后	巴前算后	背前面后	搀前落后	超前绝后	承前继后
承前启后	惩前毖后	村前村后	房前房后	房前屋后	跟前撵后
顾前顾后	光前绝后	光前裕后	鉴前毖后	空前绝后	狼前虎后
忙前忙后	忙前跑后	跑前跑后	屏前幕后	抢前落后	人前人后
身前身后	生前身后	思前顾后	思前算后	思前想后	台前幕后
台前台后	庭前屋后	通前彻后	通前澈后	通前至后	意前笔后
院前院后	瞻前顾后	遮前掩后	争前恐后	重前轻后	庄前庄后

【填空练习】

空前绝后　思前想后　惩前毖后　承前继后　房前房后

① 那场大地震造成的损失，可谓（　　　　）。

② 我们这一代人要（　　　　），继往开来。

③ 对犯错误的人，我们应采取（　　　　）、治病救人的态度。

④ 他在自己家（　　　　）种满了花草。

⑤ 我这个人办事总是（　　　　），顾虑太多。

【答案】

①空前绝后　②承前继后　③惩前毖后　④房前房后　⑤思前想后

千A百B

“千A百B”表示很多事物、性状或行为。A、B可以是单音节名词、形容词或动词。

【例释】

千疮百孔　到处都是洞或疮口；比喻破坏得非常严重。

经过这场战争，这个国家已经千疮百孔。

千锤百炼　比喻多次的艰苦斗争和考验；也比喻创作诗文的反复推敲、修改。

这件艺术品是经过千锤百炼打造出来的。

千姿百态 形容姿态多种多样或种类丰富。

山上的石头千姿百态，吸引着人们驻足观看。

【语汇】

千兵百骑 千补百衲 千缠百绕 千肠百结 千肠百转 千宠百爱
千愁百结 千愁百怨 千丑百怪 千疮百孔 千疮百痍 千捶百打
千锤百炼 千方百计 千防百备 千歌百舞 千歌百咏 千呵百护
千红百艳 千红百紫 千呼百应 千花百草 千花百面 千花百树
千回百折 千回百转 千娇百媚 千娇百态 千礁百岛 千劫百难
千结百绕 千了百当 千伶百俐 千灵百巧 千门百户 千磨百炼
千磨百折 千奇百怪 千奇百样 千秋百代 千秋百年 千秋百岁
千秋百载 千绕百转 千人百车 千诗百赋 千思百虑 千思百念
千思百想 千挑百拣 千修百炼 千依百顺 千怨百恨 千灾百难
千姿百态 千罪百恶

【改写练习】选择“千A百B”格式，替换句子中画线部分

千花百树 千劫百难 千姿百态 千呵百护

① 这些孩子在父母的各种呵护中长大，像温室内的花草，不能承受外界的风雨。

② 春天来了，山上各种树各种花，用自己的方式迎接春天。

③ 生活本来就有各种姿态各种情况，调整好自己的心态最重要。

④《西游记》这本书讲述了唐僧师徒历经各种劫难，最终取得真经的故事。

【答案】

①千呵百护 ②千花百树 ③千姿百态 ④千劫百难

千 A 万 B

"千 A 万 B"表示很多事物、性状或行为。A、B 可以是单音节名词、形容词或动词。

【例释】

千辛万苦 表示各种各样的艰难困苦。

经过千辛万苦的寻找，他终于在五年之后找回了自己的孩子。

千山万水 很多山和水；形容路途遥远艰险。

走过千山万水，我依然想着我的故乡。

千刀万剐 形容罪恶重大，死也不能抵罪。

大家都恨这个汉奸，恨不得千刀万剐了他。

【语汇】

千变万化 千变万状 千差万别 千缠万绕 千愁万恨 千凑万挪
千催万请 千错万错 千刀万剐 千灯万火 千叮万嘱 千端万绪
千躲万躲 千恩万谢 千防万备 千防万防 千缝万补 千佛万像
千歌万舞 千沟万壑 千顾万盼 千好万好 千呵万护 千红万艳
千红万紫 千哄万哄 千呼万唤 千回万转 千家万户 千惧万怕
千军万马 千军万骑 千门万户 千难万难 千难万险 千请万求
千秋万代 千秋万世 千秋万岁 千山万壑 千山万水 千树万草
千树万花 千树万叶 千树万枝 千丝万缕 千算万算 千疼万爱
千挑万选 千头万绪 千推万敲 千辛万苦 千言万语 千岩万壑
千冤万屈 千怨万恨 千针万线 千真万确 千咒万骂

【改写练习】选择“千A万B”格式，替换句子中画线部分

千叮万嘱　千差万别　千挑万选　千秋万代

① 这个姑娘三十五岁了，挑选了无数次，最后嫁给了自己的小学同学。

② 尽管欧洲人看起来差别不大，但他们的语言却存在各种差别。

③ 出发前，妈妈对我嘱咐了一次又一次。

④ 他是一个好人，帮了无数人，名字自然能够流传千万年。

【答案】

① 千挑万选　② 千差万别　③ 千叮万嘱　④ 千秋万代

【辨析：千A百B和千A万B】

相同点：“千A百B”和“千A万B”都表示很多事物、性状或行为。A、B可以是单音节名词、形容词或动词。

不同点：“千A万B”的A、B可以是不同的词，也可以是同一个词。“千A百B”的A、B是不同的词。

且A且B

“且A且B”表示两个动作同时进行或两种性状同时存在。A、B为单音节动词或形容词。

【例释】

且谈且走　表示一边走一边说话。

我还赶着接孩子放学呢，我们且谈且走。

且引且战　表示一边撤退一边战斗。

在中国历史上，且引且战为重要战争模式，常被后人所借鉴。

且轻且薄　表示又薄又轻。

这款手机时尚小巧，外观炫酷，性能强大，且轻且薄。

且惊且喜　表示又惊又喜。

我看她打扮得如仙女一般，跟以前大不相同，且惊且喜，上前迎接。

【语汇】

且爱且恨　且长且直　且唱且跳　且唱且舞　且吃且玩　且痴且狂
且痴且傻　且打且退　且歌且舞　且歌且行　且号且骂　且惊且愧
且惊且喜　且惊且疑　且敬且畏　且看且笑　且看且走　且哭且诉
且忙且乐　且轻且薄　且深且精　且说且唱　且说且笑　且说且走
且叹且笑　且听且唱　且文且白　且问且想　且舞且吟　且喜且悲
且喜且忧　且笑且哭　且行且泊　且行且看　且行且乐　且行且思
且行且谈　且行且玩　且行且舞　且行且远　且羞且急　且赞且叹

且战且进　且战且退　且战且走　且走且打　且走且看　且走且停

【填空练习】

且敬且畏　且爱且恨　且轻且薄　且直且长

① 衣裳（　　　　），穿在身上感觉微凉舒适。

② 她出生在美国，长在美国，但是对这个国家是（　　　　）。

③ 这张照片是我在读高一的时候拍的，照片里除了有我的同学之外，还有一位我（　　　　）的老师。

④ 女生的头发（　　　　），让很多人羡慕。

【答案】

①且轻且薄　②且爱且恨　③且敬且畏　④且直且长

缺 A 少 B

"缺 A 少 B" 表示缺少 A、B 两种事物。A、B 为单音节名词。

【例释】

缺斤少两　表示出售的商品不足斤两；比喻数量不够。

不少人在购物时，多少都会遇到一些缺斤少两的情况。

缺路少桥　表示缺少路和桥。

太湖县山多林密、河湖纵横、缺路少桥，交通一直都是"老大难"的问题。

缺德少才 表示缺少品德和才能。

缺德少才的人怎么能当领导呢？

【语汇】

缺报少刊	缺臂少腿	缺兵少将	缺草少粮	缺车少人	缺吃少穿
缺吃少喝	缺尺少寸	缺窗少门	缺弹少粮	缺德少才	缺电少能
缺爹少妈	缺爹少娘	缺东少西	缺法少规	缺风少雨	缺规少矩
缺见少识	缺角少块	缺教少养	缺斤少两	缺理少据	缺粮少弹
缺粮少钱	缺粮少水	缺粮少油	缺林少绿	缺磷少肥	缺磷少钾
缺路少桥	缺煤少电	缺谋少算	缺铺少盖	缺钱少房	缺钱少物
缺枪少弹	缺亲少友	缺情少爱	缺人少力	缺肉少油	缺石少沙
缺书少报	缺树少荫	缺水少电	缺水少肥	缺水少粮	缺水少雨
缺头少尾	缺薪少柴	缺盐少油	缺颜少色	缺页少版	缺衣少被
缺衣少食	缺医少药	缺音少律	缺油少菜	缺油少煤	缺鱼少肉
缺云少雨	缺章少印	缺枝少叶	缺纸少笔	缺桌少凳	缺桌少椅

【改写练习】选择“缺 A 少 B”格式，改写下列句子中的画线部分

缺衣少食　缺枪少弹　缺水少电　缺纸少笔

① 房子快要拆迁了，现在没有水电，不能住人。

② 这里没有纸笔，我怎么签字？

③ 小时候家里穷，没有吃的，没有衣服，那段日子真的是太难了。

④ 现在枪和子弹都没有了，这仗还怎么打？

【答案】

① 缺水少电　② 缺纸少笔　③ 缺衣少食　④ 缺枪少弹

R

日A月B

“日A月B”表示随着时间的推移，事物发生某种变化。A、B为单音节动词或形容词。

【例释】

日积月累　表示每天积累一点点。

学习外语靠的是日积月累，没有什么好办法。

日新月异　表示每日每月都会有新的改变；形容发展和进步迅速，不断出现新事物、新气象。

这些年，公司发展很快，可谓日新月异。

日盼月盼　表示每日每月都盼望。

日盼月盼，母亲终于见到了外出十年的儿子。

【语汇】

日变月变　日长月大　日长月久　日长月深　日长月远　日程月课
日出月没　日东月西　日短月长　日锻月炼　日积月累　日积月深
日煎月熬　日渐月染　日浸月渗　日久月深　日就月将　日朘月减
日来月往　日陵月替　日没月出　日盼月盼　日清月结　日清月清
日升月沉　日升月恒　日升月降　日升月落　日升月隐　日生月死
日思月想　日销月铄　日新月盛　日新月异　日新月著　日兴月旺

日行月走　日省月课　日省月试　日修月省　日旋月转　日削月割
日削月朘　日薰月染　日异月更　日异月殊　日益月滋　日堙月塞
日引月长　日增月多　日增月盛　日增月益　日增月长　日照月临
日征月迈　日坠月升　日滋月长

【填空练习】

日新月异　日久月深　日积月累　日煎月熬

①（　　　　），这栋房子被风雨毁坏了。

② 我回老家发现，我们老家有了（　　　　）的变化。

③ 这些钱是奶奶省吃俭用，（　　　　）攒下的。

④ 半年多一直没有收入，（　　　　），我终于等到了年底。

【答案】

①日久月深　②日新月异　③日积月累　④日煎月熬

如A如B

"如"即"像"，表比喻。"如A如B"采用比喻的方式形容某种状态。A、B多为单音节名词、动词或形容词。

【例释】

如火如荼　像火一样红，像茅草花一样白；原比喻军容之盛，现多形容旺盛、热烈或激烈。

杜鹃花开得如火如荼，把这个城市点缀得更加美丽。

如诗如歌 表示像诗歌一样美妙。

现在的父母都希望给自己的孩子取一个如诗如歌、独一无二的名字。

如烟如雾 表示像烟雾一样；形容迷漫一片的景色。

雨轻飘飘地下起来了，如烟如雾。

【语汇】

如冰如霜 如冰如雪 如波如浪 如潮如涌 如尘如沙 如痴如呆
如痴如迷 如痴如醉 如刺如锥 如呆如痴 如刀如剑 如刀如枪
如癫如狂 如粉如沙 如风如电 如风如雨 如疯如狂 如父如兄
如冈如陵 如歌如泣 如歌如诉 如歌如舞 如歌如吟 如海如潮
如幻如化 如幻如梦 如火如荼 如饥如渴 如胶如漆 如刻如镂
如狼如虎 如浪如潮 如梦如歌 如梦如诗 如梦如醒 如漆如墨
如泣如诉 如伞如盖 如山如潮 如山如阜 如山如海 如山如河
如诗如歌 如诗如画 如水如波 如丝如线 如丝如雨 如霆如雷
如雾如纱 如戏如剧 如戏如梦 如仙如幻 如线如缕 如星如豆
如兄如弟 如雪如冰 如雪如霜 如烟如梦 如烟如雾 如银如雪
如鱼如水 如雨如丝 如玉如冰 如怨如慕 如月如水 如醉如痴
如醉如狂 如醉如梦 如醉如酥

【填空练习】

如仙如幻 如风如电 如玉如冰 如刀如枪

① 王祖贤的美总是与众不同，（ ），超然脱俗。

② 他的文章言辞激烈，（ ），自然能震慑对手。

③ 那匹黑马跑起来速度极快，它的身影（ ）。

④ 这里生产的瓷器光滑细腻，（ ）。

【答案】

① 如仙如幻 ② 如刀如枪 ③ 如风如电 ④ 如玉如冰

如A似B

“如”“似”都是动词，表达比喻。“如A似B”采用比喻的方式形容某种状态。A、B多为单音节名词、（心理）动词或形容词。

【例释】

如鱼似水 比喻（夫妻）关系融洽、亲密。

小夫妻彼此相敬相爱，如鱼似水。

如花似锦 形容景色、装饰绚丽或前程美好。

如花似锦的少年世界，我们总是感叹距离的遥远和无可奈何。

如钢似铁 表示像钢和铁一样；多形容人性格刚强，意志坚定。

战士们具有如钢似铁般坚强的意志。

【语汇】

如宝似玉　如冰似霜　如冰似水　如冰似雪　如冰似玉　如波似浪
如裁似剪　如潮似海　如潮似水　如痴似呆　如痴似疯　如痴似醉
如呆似痴　如刀似剑　如刀似箭　如刀似凿　如癫似狂　如雕似刻
如缎似绢　如飞似箭　如风似电　如风似火　如风似气　如风似雨
如风似云　如封似闭　如疯似颠　如疯似狂　如钢似铁　如鬼似魅
如河似海　如虹似练　如虎似熊　如花似锦　如花似梦　如花似蜜
如花似树　如花似玉　如花似月　如幻似梦　如火似电　如火似歌
如饥似渴　如假似真　如箭似矛　如胶似漆　如锦似缎　如锦似绣
如绢似练　如狼似虎　如浪似潮　如雷似电　如雷似火　如龙似虎
如猫似虎　如梦似痴　如梦似画　如梦似诗　如梦似醒　如梦似烟

如梦似真　如蜜似糖　如牛似马　如纱似梦　如纱似雾　如诗似歌
如诗似画　如诗似梦　如丝似绢　如丝似线　如糖似蜜　如涛似浪
如雾似梦　如霞似火　如霞似锦　如星似电　如星似钻　如兄似弟
如削似刻　如雪似浪　如雪似霜　如雪似玉　如血似火　如烟似尘
如烟似海　如烟似梦　如烟似纱　如烟似雾　如烟似雨　如吟似唱
如银似雪　如莺似燕　如鹰似虎　如鹰似鹫　如鱼似水　如雨似露
如玉似水　如云似海　如云似霞　如针似箭　如真似幻　如脂似玉
如珠似玑　如醉似痴　如醉似狂　如醉似梦　如醉似睡　如醉似仙

【改写练习】选择“如A似B”格式，改写下列句子中的画线部分

如雪似玉　如饥似渴　如烟似雾　如莺似燕

① 山峰间腾起云雾，像烟雾一样，仿佛身披白纱的仙女在山间翩翩起舞。

② 她的歌声婉转动听，像燕子、黄鹂的鸣叫一样，迷倒了不少人。

③ 她的皮肤洁白细腻，像雪一样白，像玉一样润滑。

④ 回到学校后，他全身心投入学习中，就像人需要吃饭喝水那样地学习新知识。

【答案】

① 如烟似雾　② 如莺似燕　③ 如雪似玉　④ 如饥似渴

A如B

“A如B”四字格式有两种情况：

❶ 表示比喻。A为双音节的名词（短语）或形容词（短语），B

为单音节名词、动词或形容词。

【例释】

白发如雪 表示头发像雪一样白。

照片上的她，白发如雪，却并不显老态，身板笔直。

残阳如血 表示落日像血一样红。

夕阳西下，残阳如血，他一个人走在回家的路上。

挥汗如雨 表示流下来的汗就像下雨一样；形容天气热，出汗多。

在运动场上，我们顶着烈日，挥汗如雨，终于到达了终点。

月光如水 月光像缓缓流动的清水；形容月色美好。

银色的月光如水，静静地泻在他们的身上。

【语汇】

爱民如子	爱情如花	安静如水	安坐如山	白发如新	白发如雪
白骨如山	白头如新	奔跑如飞	碧空如洗	残阳如血	灿烂如花
灿烂如画	苍白如纸	苍郁如盖	车流如织	尘世如潮	沉默如土
澄江如练	驰骋如飞	春雨如酒	纯洁如水	纯洁如雪	蠢钝如猪
淡雅如水	刀剑如梦	倒背如流	陡峭如削	翻旧如新	翻修如新
繁华如花	繁华如梦	繁华如织	肥大如斗	风景如画	锋利如刀
浮华如烟	父爱如山	腹胀如鼓	高手如林	高手如云	骨瘦如柴
光洁如洗	光洁如玉	光亮如新	光泽如新	寒冷如锥	好评如潮
红尘如梦	红润如生	厚烈如酒	厚重如山	挥汗如雨	回忆如梦
肌肤如玉	寂静如海	寂静如死	寂寞如往	寂寞如雪	佳期如梦
佳人如茶	佳人如玉	坚强如钢	坚毅如山	坚硬如冰	坚硬如铁
健步如飞	娇美如花	娇艳如花	洁净如洗	晶莹如玉	静谧如画
静谧如水	君子如玉	空灵如诗	枯槁如死	枯瘦如柴	宽广如海
浪漫如画	凉薄如水	两鬓如霜	眉目如画	眉眼如画	美景如画
美貌如花	美女如云	美人如花	美人如玉	美艳如花	梦境如烟
明净如水	明媚如花	明媚如画	墨色如烟	母爱如水	目光如刀
目光如豆	目光如炬	男人如酒	年少如花	宁静如画	浓烈如酒
浓密如盖	女人如花	女人如画	女人如酒	女人如书	女人如水

滂沱如注　皮薄如纸　缥缈如烟　飘零如雪　平淡如水　平静如练
平静如水　平静如洗　平坦如台　平整如新　齐整如刷　气势如虹
谦和如玉　前尘如梦　倾盖如故　清澈如水　清澈如洗　清纯如水
清淡如水　人潮如织　人生如茶　人生如车　人生如花　人生如路
人生如旅　人生如梦　人生如棋　人生如诗　人生如戏　人生如烟
人生如纸　柔顺如水　锐利如刀　杀人如麻　身轻如燕　生命如茶
生命如歌　生命如花　生命如诗　时光如飞　时光如流　时光如水
世事如梦　世事如棋　嗜酒如命　嗜甜如命　嗜烟如命　思念如水
思念如烟　思念如涌　思绪如飞　四季如歌　岁月如风　岁月如歌
岁月如河　岁月如炬　岁月如梦　岁月如烟　甜蜜如花　头痛如劈
往事如烟　唯美如画　温柔如水　温软如玉　温顺如猫　温婉如花
温婉如玉　温馨如梦　温馨如蜜　温驯如猫　细密如织　笑靥如花
心急如燎　心静如水　心乱如麻　心痛如绞　心细如发　心细如针
行人如织　修复如新　秀丽如画　秀美如画　虚幻如梦　栩栩如生
绚丽如画　绚丽如梦　血流如注　夜凉如水　一碧如洗　一见如故
一贫如洗　阴沉如坠　优美如画　游人如织　月光如练　月光如水
杂乱如麻　责任如山　真情如茶　正直如铁

❷“A 如 B”表示一种评价，A 为双音节形容词，也可以是名词（具有描述性的名词，表达某种性质），通常为褒义词；B 为代词，如你、我、他、她、咱、他们、我等、我们、你们、它、君、卿等。“如”是动词，意思是“像”。“A 如 B”表达的意思是“像 B 那样 A”。

【例释】

洁白如它　表示它如此洁白。**美丽如它**　表示它如此美丽。

镶嵌的珍珠闪着微微的幽光，散发着无穷的诱惑；而你洁白如它、美丽如它；星河一见，终身沦陷。

优秀如你　表示你如此优秀，多用于夸赞。

优秀如你，不必在乎任何人的评价！

纯真如你　表示你如此纯真。**美好如你**　表示你如此美好。

愿你能心如海，深邃却不浅薄，温凉却不清冷，不依附，不媚俗。纯真如你，美好如你。

【语汇】

标致如君　纯粹如他　纯洁如我　纯善如你　纯真如你　风雅如卿
慧眼如卿　豁达如你　机智如我　坚定如他　坚韧如你　美好如你
明白如他　拼搏如他　勤恳如君　清纯如我　爽直如你　挑剔如他
隐忍如他　优秀如你　忠义如卿

【改写练习】选择“A 如 B”格式，改写下列句子中的画线部分

优美如画　挥汗如雨　心乱如麻　时光如流

① 最近七事八事搅在一起，弄得我<u>心里很乱</u>，几天都没睡好觉。

② <u>时间过得很快，像流水一样</u>，不知不觉我们毕业已经10年了。

③ 黄山的景色<u>美得像画一样</u>。

④ 他们都在努力工作，<u>浑身上下都湿透了</u>。

【答案】

① 心乱如麻　② 时光如流　③ 优美如画　④ 挥汗如雨

如此 A

“如此 A”表示表达的性质、程度深。“如此”的意思是“这样”。A 为双音节形容词或动词。

【例释】

如此迷人 表示极为迷人。

为什么时间旅行会如此迷人呢？

如此恶劣 表示极坏，多用于天气、环境以及人的品行、作风等。

西北地区的环境如此恶劣，这些年轻人能坚持下来真不容易。

如此难行 表示道路极不好走。

我没有想到，这里的道路如此难行。

【语汇】

如此安宁	如此安排	如此昂贵	如此悲哀	如此潮湿	如此诚恳
如此诚实	如此充实	如此纯洁	如此纯净	如此粗俗	如此粗心
如此恶劣	如此干燥	如此感慨	如此高洁	如此高明	如此高雅
如此诡异	如此尖锐	如此焦虑	如此狡诈	如此洁白	如此洁净
如此精美	如此纠结	如此开放	如此刻苦	如此恳切	如此困难
如此老实	如此迷人	如此难过	如此难行	如此恼怒	如此宁静
如此努力	如此便宜	如此谦虚	如此浅薄	如此亲近	如此亲密
如此认真	如此伤心	如此深厚	如此深远	如此生气	如此疏远
如此爽快	如此细致	如此详细	如此消沉	如此严密	如此遥远
如此庸俗	如此优美	如此有趣	如此着急	如此着迷	如此真诚
如此执着	如此忠厚	如此忠实			

【填空练习】

如此粗心　如此难行　如此可爱　如此亲密

① 我家来了一只小狗，长得（　　　　），全家人没有不喜欢它的。

② 这个爸爸（　　　　），竟然把孩子锁在汽车里。

③ 山路（　　　　），我们改坐缆车上山吧。

④ A：在你心里，张老师是个什么样的人？

B：张老师对学生好，和学生的关系（　　　　），是个好老师。

【答案】

① 如此可爱　② 如此粗心　③ 如此难行　④ 如此亲密

如此之A

“如此之 A”表示表达的性质、程度深，带有感慨语气。“如此”的意思是“这样”。A 为单音节形容词。

【例释】

如此之好　表示好的程度深，这么好。

作为一个外国人，他的书法如此之好，这是谁也没有想到的。

如此之难　表示难的程度深，这么难。

没想到学好一门语言如此之难。

如此之少　表示特别少，这么少。

沿着公路一路向西开，没想到路上的车如此之少。

【语汇】

如此之薄　如此之长　如此之大　如此之低　如此之短　如此之多
如此之高　如此之怪　如此之贵　如此之好　如此之厚　如此之尖
如此之紧　如此之近　如此之久　如此之苦　如此之快　如此之宽
如此之辣　如此之老　如此之冷　如此之慢　如此之美　如此之难
如此之浅　如此之强　如此之热　如此之弱　如此之少　如此之深
如此之湿　如此之帅　如此之松　如此之素　如此之酸　如此之甜
如此之透　如此之细　如此之咸　如此之新　如此之艳　如此之酽
如此之遥　如此之远　如此之窄　如此之重

【填空练习】

如此之透　如此之重　如此之苦　如此之近　如此之快

① 我之前不了解，他家过得（　　　　），连个像样的桌子都没有。

② 今天手续办理得（　　　　），我真没想到。

③ 只有长老能把道理说得（　　　　），我真受教了。

④ 我没想到这张桌子（　　　　）。

⑤ 他们两家住得（　　　　），仅隔一堵墙。

【答案】

① 如此之苦　② 如此之快　③ 如此之透　④ 如此之重　⑤ 如此之近

【辨析：如此A和如此之A】

相同点：“如此A”和“如此之A”都表示表达的性质、程度深。

不同点：“如此A”的A为双音节词；“如此之A”的A为单音节词。“如此A”的A为形容词或动词；“如此之A”的A为形容词。

若A若B

“若A若B”采用比喻方式形容某种状态，书面语色彩较重。A、B是单音节名词、动词、形容词。

【例释】

若即若离　表示好像靠近，又好像疏远；形容跟人的关系不紧密。

他对我总是若即若离，使我不太明白他的心意。

若友若敌　表示两个人的关系像是朋友，又像是敌人。

这几个人的关系不好判断，若友若敌。

若有若无　表示好像有，也好像没有。

夜幕下的歌声若近若远，若有若无。

【语汇】

若褒若贬	若痴若呆	若痴若迷	若痴若愚	若痴若醉	若存若亡
若得若失	若癫若狂	若电若火	若动若静	若断若连	若断若续
若凡若圣	若飞若动	若飞若翔	若疯若痴	若疯若狂	若伏若动
若浮若沉	若高若低	若饥若渴	若即若离	若娇若羞	若进若退
若进若止	若近若离	若近若远	若惊若喜	若惊若疑	若聚若散
若哭若笑	若来若去	若来若往	若离若合	若梦若醒	若明若暗
若明若昧	若浓若淡	若轻若重	若软若硬	若善若恶	若深若浅
若生若灭	若生若死	若睡若醒	若往若还	若危若安	若喜若愁
若显若隐	若信若疑	若星若月	若烟若云	若隐若露	若隐若显
若隐若现	若幽若明	若友若敌	若有若无	若云若雾	若真若假

若真若伪　若智若愚　若走若停　若坐若卧　若坐若行

【改写练习】选择“若A若B”格式，改写下列句子中的画线部分

若近若远　若梦若醒　若隐若显　若烟若雾

①　两山之间是大湖，天阴时，山时隐时现，好像很近又好像很远，云雾缭绕，堪称一幅绝美的水乡图画。

②　酒让人好像睡着了，又好像醒着；让人感觉自己飘飘欲仙。

③　山中有白气像烟像雾气一样，状若车盖，渐上渐高。

④　早上起了大雾，几栋楼隐隐约约，看不清楚。

【答案】

①若近若远　②若梦若醒　③若烟若雾　④若隐若显

S

三A两B

“三A两B”表示事物或行为数量少或时间短。A、B为意义相同或相近的名词、动词、量词或形容词。

【例释】

三招两式 表示很少的几个招式。招和式均为武术动作。

他是武术大师，三招两式就把对手打倒在地。

三心两意 表示心里想这样又想那样；形容犹豫不决或意志不坚定。

做什么事情，不要三心两意的。

三天两头 表示隔一天，或几乎每天。

结婚以后，张姐姐还是三天两头往娘家跑。

三说两说 表示只说了几句。

他们两个人三说两说就动起手来了。

【语汇】

三扒两拨	三般两样	三杯两杯	三杯两盏	三病两痛	三步两脚
三餐两点	三差两错	三长两短	三锤两棒	三番两次	三港两网
三拐两拐	三好两歹	三好两歉	三化两改	三晃两晃	三剪两剪
三街两市	三节两寿	三句两句	三卷两卷	三砍两砍	三口两口

三跨两步　三拉两拉　三男两女　三年两头　三年两载　三瓶两瓶
三婆两嫂　三拳两脚　三日两头　三山两塔　三说两说　三天两日
三天两头　三头两面　三头两绪　三推两推　三瓦两舍　三问两问
三窝两块　三下两下　三心两意　三凶两怪　三言两句　三言两语
三阳两阴　三招两式　三朝两日　三纵两横

【填空练习】

三言两语　三口两口　三下两下　三拐两拐　三天两头

① 他骑着自行车在街上（　　　　）就迷路了。

② 看来他是真饿了，一大碗米饭，（　　　　）就吃完了。

③ 这件事很复杂，不是（　　　　）能说清楚的。

④ 妈妈手脚麻利，（　　　　）就把厨房收拾好了。

⑤ 他（　　　　）给我打电话，我都烦死了。

【答案】

①三拐两拐　②三口两口　③三言两语　④三下两下　⑤三天两头

A三B四

"A三B四"表示对行为进行评价，多带有不满的感情色彩。A、B为单音节动词或形容词。

【例释】

颠三倒四　形容说话做事没有次序。

他最近说话总是颠三倒四的。

急三火四 形容非常匆忙。

早饭还没吃完，哥哥就急三火四地出去了。

勾三搭四 表示引诱和调戏妇女。

这个男的整天在外勾三搭四，不愿回家。

【语汇】

挨三顶四	捱三顶四	差三错四	重三叠四	倒三颠四	低三下四
丢三落四	反三复四	勾三搭四	呼三喝四	急三火四	讲三讲四
开三停四	狂三诈四	拉三扯四	连三接四	拿三搬四	怕三怕四
欺三瞒四	求三拜四	说三道四	挑三拣四	挑三挑四	挑三嫌四
条三窝四	调三窝四	推三搪四	推三托四	推三委四	推三阻四
瞎三话四	嫌三嫌四	想三想四	言三语四	吆三喝四	疑三惑四
怨三怨四	召三喝四	遮三瞒四	指三道四		

【填空练习】

欺三瞒四　说三道四　挑三拣四　吆三喝四

① 对上年纪的人这样（　　　　），你觉得好吗？

② 婚姻中介不应该（　　　　），骗人家女儿。

③ 自己的事自己做主，不在乎别人（　　　　）。

④ 姐姐在裙子堆里（　　　　）好半天，却一件也没买。

【答案】

①吆三喝四　②欺三瞒四　③说三道四　④挑三拣四

山A水B

“山A水B”描述“山”“水”性状或变化。A、B多为单音节的且意义相同或相近的动词、形容词或名词。

【例释】

山穷水尽　表示山和水都到了尽头；比喻处境不好，无路可走。

别担心，我们还没有走到山穷水尽的那个地步。

山清水秀　表示山水秀丽，风景优美。

我的家乡可是个人杰地灵、山清水秀的地方。

山重水复　表示重重山河阻隔。

你们此去广西，山重水复，今后再见面就不容易了。

【语汇】

山抱水环　山崩水竭　山长水阔　山长水远　山重水复　山翠水碧
山风水韵　山高水长　山高水低　山高水清　山高水险　山高水远
山光水色　山寒水冷　山寒水瘦　山红水碧　山呼水笑　山欢水笑
山环水复　山荒水黄　山魂水魄　山佳水明　山精水怪　山拦水隔
山连水绕　山眉水眼　山明水净　山明水秀　山宁水净　山奇水异
山青水阔　山青水蓝　山青水绿　山清水明　山清水秀　山穷水断
山穷水尽　山穷水绝　山险水恶　山凶水恶　山崖水畔　山遥水远
山隐水迢　山拥水抱

【填空练习】

山眉水眼　山光水色　山拦水隔　山穷水尽

① 要不是到了（　　　　）的地步，他是不会低头去求人的。

② 这个小姑娘还不到十八岁，却生得（　　　　），漂亮极了。

③ 地处大山深处的村庄，（　　　　），与外界联系不多。

④ 站在这里，看周围的（　　　　），心情也开朗起来。

【答案】

① 山穷水尽 ② 山眉水眼 ③ 山拦水隔 ④ 山光水色

A山B水

"A山B水"描述山水具有某性状或采取（与山水有关的）某一行为。A、B多为单音节的且意义相同或相近的动词、形容词。

【例释】

跋山涉水 表示翻越山岭，蹚过河流；形容路途艰苦。

他们跋山涉水，步行二百余公里，来到了一个青山环抱的小村庄。

青山绿水 泛指美好山河。

壮族人喜欢居住在青山绿水之地。

巴山蜀水 指四川一带的山山水水。

益州也是一片待开发的热土，巴山蜀水孕育出勤劳的人民，川菜风靡全国。

【语汇】

跋山涉水　背山面水　残山剩水　穿山越水　丹山碧水　登山临水
登山涉水　高山流水　观山览水　观山玩水　稽山镜水　看山看水
乐山爱水　乐山乐水　名山胜水　明山秀水　模山范水　爬山涉水
奇山秀水　奇山异水　青山黛水　青山绿水　青山秀水　穷山恶水
显山露水　依山伴水　依山傍水　依山面水　倚山面水　游山玩水
有山无水　有山有水　远山近水　转山转水

【填空练习】

青山绿水　穷山恶水　游山玩水　倚山傍水

① 从南到北，十几年来，他看遍了祖国的（　　　　）！

② 你别以为他成天到处（　　　　），其实是在了解各地人情风俗，收集写作素材。

③ 别墅区建在秦岭深处，（　　　　），风景秀丽。

④ 改革开放后，（　　　　）的边远贫困地区得到了很大的发展。

【答案】

① 青山绿水　② 游山玩水　③ 倚山傍水　④ 穷山恶水

上A下B

“上A下B”表示动作涉及全部空间范围或社会等级。A、B多为单音节动词或形容词，“上”“下”是具体空间方位或抽象的空间方位（即社会等级）。

【例释】

上情下达 表示上面的情况或意见能够通达于下。

他是办公室主任，上情下达的工作由他负责。

上和下睦 表示长辈晚辈之间或上下级之间相处和睦。

一家人上和下睦，老人自然开心。

上行下效 表示上面的或上辈的人怎么做，下面的或下辈的人就学着怎么做，多指不好的事。

他的父母天天玩牌，结果上行下效，做儿子的也沾染了这种恶习。

上漏下湿 表示上面漏雨，地上很湿。

老人居住了 40 多年的房屋十分破旧，上漏下湿，多年来未曾修好。

【语汇】

上谄下渎 上传下达 上蹿下跳 上好下甚 上和下睦 上陵下替
上漏下湿 上慢下暴 上勤下顺 上情下达 上求下告 上求下化
上求下索 上吐下泻 上闻下达 上行下效 上溢下漏 上援下推
上智下愚

【填空练习】

上蹿下跳 上情下达 上行下效 上吐下泻

① 他的母亲天天打牌，结果（　　　　），他也天天打牌。

② 他吃了过期的面包，身体很不舒服，（　　　　）。

③ 他一天天精力旺盛，像个猴子一样（　　　　）。

④ 制度良好的公司，言路畅通，能使（　　　　）。

【答案】

① 上行下效 ② 上吐下泻 ③ 上蹿下跳 ④ 上情下达

A上B下

“A 上 B 下”有两种情况：

❶ 表示动作涉及全部空间范围或社会等级，也表示对上下级采取某种行为。A、B 为动词、形容词。“上”“下”是具体空间方位，也指上下级（即社会等级）。

【例释】

承上启下　表示承接前者，引出后者。

这一段话确实具有承上启下的作用，不像你说的可有可无。

敬上爱下　表示尊敬地位在自己之上的人，爱护地位在自己之下的人。

老百姓都觉得他是一个敬上爱下的好官员。

爬上爬下　表示从上到下或从下到上爬。

小孩子爱动，一天到晚爬上爬下。

搬上搬下　从上到下或从下到上搬。

搬家公司的人负责把东西搬上搬下，你放心。

【语汇】

搬上搬下	不上不下	谄上傲下	谄上骄下	谄上欺下	谄上抑下
承上启下	承上起下	刺上化下	附上罔下	忽上忽下	敬上爱下
凌上虐下	忙上忙下	媚上欺下	拿上拿下	爬上爬下	跑上跑下
七上八下	欺上瞒下	欺上罔下	生上起下	时上时下	束上起下

损上益下　骤上骤下

❷ 表示事物所涉及的全部空间范围。A、B 为名词。“上”“下”是具体空间方位。

【例释】

床上床下　表示床的上面和下面。

孩子床上床下地乱跳。

楼上楼下　表示楼上和楼下。

你看到了吗？楼上楼下都是人。

【语汇】

坝上坝下　床上床下　堤上堤下　阁上阁下　井上井下　炕上炕下
楼上楼下　墙上墙下　山上山下　树上树下　塔上塔下

【填空练习】

跑上跑下　不上不下　欺上瞒下　承上启下　搬上搬下

① 这一上午，同学们（　　　　），把桌子椅子重新摆放了一遍。

② 我在公司里三年了，位置依然（　　　　）。

③ 为了购买一套测试设备，张老师这些天一直（　　　　）。

④ 这样（　　　　）的领导是被人看不起的。

⑤ 这句话在文章里至关重要，起着（　　　　）的作用。

【答案】

① 搬上搬下　② 不上不下　③ 跑上跑下　④ 欺上瞒下　⑤ 承上启下

说A道B

“说A道B”的“说”“道”是动词，表示在某一方面评论，A、B是评论的范围和话题。A、B为单音节名词、动词、形容词或数词。

【例释】

说古道今　表示从古到今无所不谈，无不评论；形容话题广泛。

他一天到晚说古道今，嘴就没停过。

说三道四　表示不负责任地胡乱议论。

对于人家的家事，不要说三道四。

说白道黑　比喻对人对事任意评论。

说白道黑的言论传入张元的耳中，令她气愤不已。

【语汇】

说白道绿　说长道短　说东道西　说古道今　说好道坏　说黑道白
说恨道爱　说恨道怨　说黄道黑　说奖道罚　说苦道累　说来道去
说龙道凤　说美道丑　说名道利　说朋道友　说千道万　说亲道热
说清道明　说三道四　说是道非　说咸道淡

【填空练习】

说这道那　说来道去　说古道今　说长道短

① 这篇散文（　　　　），海阔天空，很有意思。

② 他们的辩解（　　　　），大多都是“我们只是在执

行命令”，“我有什么办法呢”。

③　这孩子小嘴整天不停地（　　　　），不论什么事都要问：“为什么？”

④　这个人喜欢在邻居之间（　　　　），搬弄是非。

【答案】

①说古道今　②说来道去　③说这道那　④说长道短

说 A 就 A

“说 A 就 A”表示动作行为发生得很突然、很快，也表示情况很容易发生变化。A 为单音节动词或双音节动词（短语）。

【例释】

说变就变　表示变化发生得很快。

天气说变就变，你多穿点儿。

说走就走　表示想走就走，不受别人控制和约束。

咱们来一次说走就走的旅行，怎么样？

说干就干　表示立刻行动，毫不犹豫。

这是好事，咱们说干就干。

【语汇】

说办就办　说变就变　说拆就拆　说辞就辞　说倒就倒　说丢就丢
说断就断　说分就分　说改就改　说干就干　说坏就坏　说换就换

说降就降　说救就救　说哭就哭　说来就来　说冷就冷　说买就买
说去就去　说扔就扔　说散就散　说杀就杀　说收就收　说睡就睡
说死就死　说停就停　说忘就忘　说笑就笑　说有就有　说涨就涨
说走就走　说做就做

说不干就不干　说辞职就辞职　说发火就发火　说翻脸就翻脸
说刮风就刮风　说推倒就推倒　说下雨就下雨

【填空练习】

说干就干　说辞职就辞职　说哭就哭　说笑就笑　说下雨就下雨

① 演员的表演能力强，就应该（　　　　），（　　　　）。

② 这里的天气（　　　　），幸亏我带了伞。

③ 咱现在（　　　　），这事不能耽误。

④ 小伙子特别有主见，（　　　　），连跟父母说一声都没有。

【答案】

① 说哭就哭 / 说笑就笑　② 说下雨就下雨　③ 说干就干　④ 说辞职就辞职

时A时B

"时A时B"表达两种情况（包括动作、性质状态）在一段时间反复交替出现。A、B为意义相反的名词、动词或形容词。

【例释】

时圆时缺 表示有时圆有时缺。

月亮时圆时缺，跟月亮、太阳和地球的位置有关。

时走时停 表示一会儿走一会儿停。

教室的钟坏了，时走时停。

时好时坏 表示一会儿好一会儿坏，不稳定或多变。

两个人关系时好时坏的，别人无法理解。

【语汇】

时爱时恨 时悲时喜 时闭时张 时大时小 时东时西 时断时续
时对时错 时多时少 时高时低 时好时坏 时红时黑 时缓时急
时进时退 时聚时散 时开时关 时开时合 时哭时笑 时快时慢
时宽时窄 时明时暗 时内时外 时浓时淡 时起时落 时前时后
时强时弱 时青时紫 时晴时雨 时上时下 时深时浅 时酸时甜
时躺时坐 时现时没 时新时旧 时阴时晴 时隐时现 时有时无
时走时停 时左时右

【填空练习】

时大时小 时好时坏 时明时暗 时强时弱 时断时续

① 他睡不着觉，外面的雨（　　　　），听了一夜。

② 这个男人对你的态度（　　　　），根本谈不上爱。

③ 舞台上的光（　　　　），（　　　　）。

④ 远处传来歌声，（　　　　）的，听不清楚唱的是什么。

【答案】

①时大时小 ②时好时坏 ③时明时暗/时强时弱 ④时断时续

四A八B

“四 A 八 B”表示各个方位的事物（A、B 为名词）或各个方位都具备某一种特征（A、B 为动词）。“四”“八”表示各个方向或各个方位。

【例释】

四通八达　表示交通极为便利。

这座城市四通八达，交通便利。

四面八方　表示各个方面或各个地方。

市民们从四面八方涌向广场，欢庆胜利。

四仰八叉　表示四肢伸展而仰卧的样子。

老张闭着眼，四仰八叉地躺在地上。

四时八节　泛指一年四季中各个节气。

此处远处有青山，近处有湖，四时八节景物不同。

【语汇】

四禅八定　四冲八达　四碟八碗　四方八邻　四海八荒　四户八牖
四荒八极　四邻八舍　四邻八乡　四邻八寨　四面八方　四平八稳
四起八拜　四衢八街　四时八节　四亭八当　四停八当　四通八达
四乡八里　四乡八野　四象八卦　四仰八叉

【填空练习】

四通八达　四邻八舍　四面八方　四平八稳

① 欢迎来自（　　　　）的朋友！

② 郑州地处中原，铁路（　　　　），交通极为便利。

③ 张英杰在这一带人缘很好，与（　　　　）相处融洽。

④ 年轻人要创新，要突破，总是这么（　　　　）怎么行呢？

【答案】

① 四面八方　② 四通八达　③ 四邻八舍　④ 四平八稳

似A非A

“似A非A”表示“又像又不像”或没有完全达到某一个状态。A可以是单音节名词、形容词或动词。

【例释】

似人非人　形容像人又不是人。

传说中的这个动物是一种似人非人、似蛇非蛇的物种。

对于经历过高考的小伙伴们，是否还在怀念那段“似人非人”的日子呢？

似雾非雾　表示像雾又不像雾的样子。

似烟非烟　表示像烟又不像烟的样子。

江南的雨似雾非雾，似烟非烟。

似笑非笑　形容像笑又不笑的样子。

后来大家又都知道了她的脾气，只要孩子在眼前，便似笑非笑地先问她。

【语汇】

似闭非闭　似病非病　似嗔非嗔　似绸非绸　似懂非懂　似动非动
似花非花　似剑非剑　似解非解　似看非看　似兰非兰　似蓝非蓝
似龙非龙　似鹿非鹿　似露非露　似驴非驴　似马非马　似梦非梦
似恼非恼　似鸟非鸟　似怒非怒　似人非人　似石非石　似兽非兽
似熟非熟　似睡非睡　似听非听　似雾非雾　似喜非喜　似笑非笑
似信非信　似醒非醒　似烟非烟　似雨非雨　似真非真　似睁非睁

【填空练习】

似懂非懂　似病非病　似醒非醒　似鹿非鹿

① 对于这个问题，我（　　　　），可以请教您吗？

② 婴幼儿在生长发育的过程中会出现一些（　　　　）的情况，比如流口水、生长痛等。

③ 昨晚熬夜，今天早上起床后，感觉自己（　　　　），特别困。

④ 他画的这是什么动物呀？（　　　　）。

【答案】

① 似懂非懂　② 似病非病　③ 似醒非醒　④ 似鹿非鹿

似A似B

“似A似B”表示“好像A又好像B”，表示处于A和B之间模糊的状态。A、B 可以是意义相对的单音节动词、形容词；A、B 还可以是意义相近的单音节名词。

【例释】

似真似幻 表示朦朦胧胧，好像是真的，又看不清楚。

我在半梦半醒间听到一阵歌声，似真似幻。

似雾似烟 表示像烟雾一样。

进入 4 月，暖风吹来，桂林进入多雨多雾的季节：桂林的雨似雾似烟，雾中带雨，雨中带雾。漓江水面雾雨飘摇，景象万千。

似有似无 表示好像有又好像没有的样子。

山上的雾飘浮不定，把远处的山峰衬托得若隐若现，似有似无。

【语汇】

似爱似恨	似悲似喜	似唱似吟	似痴似疯	似敌似友	似剑似刀
似惊似喜	似开似合	似驴似马	似梦似幻	似模似样	似鸟似兽
似誓似盟	似水似墨	似雾似烟	似雾似雨	似喜似嗔	似喜似愁
似喜似怒	似喜似羞	似笑似哭	似醒似梦	似醒似睡	似羞似恼
似虚似实	似隐似显	似隐似现	似忧似喜	似有似无	似远似近
似怨似嗔	似战似和	似真似幻	似真似假	似真似梦	似醉似痴

【填空练习】

似真似假　似模似样　似醉似痴　似有似无

① （　　　　）的爱情，这个瞬间，我们可以感受到，过一会儿它又消失了。

② 这一切来得太快，（　　　　），太不真实。

③ 到了那个节日，他们一定（　　　　）地摆上酒席，请亲友来聚一聚。

④ 他拉起小提琴时情绪亢奋，(　　　　)。

【答案】

① 似有似无　② 似真似假　③ 似模似样　④ 似醉似痴

A上加A

“A 上加 A”表示 A 的程度加倍。A 为形容词、心理动词或名词。

【例释】

美上加美　表示本来就美，经过提升和改善后变得更加出色、完美。

村庄始终不渝地推进垃圾分类工作，让美丽乡村美上加美。

痛上加痛　表示本来就痛苦，又加上新的痛苦。

多年的疾病折磨着他，最近儿子又意外身亡。痛上加痛，他怎么承受得了？

假上加假　表示本来就假，又加上另一种假。

正儿八经的酒精酒也并不可怕，比酒精酒更可怕的是假酒精酒，假上加假，让你防不胜防。

【语汇】

笨上加笨　病上加病　残上加残　惨上加惨　差上加差　迟上加迟
仇上加仇　愁上加愁　臭上加臭　蠢上加蠢　淡上加淡　冻上加冻
毒上加毒　恶上加恶　烦上加烦　福上加福　功上加功　贵上加贵
好上加好　黑上加黑　恨上加恨　红上加红　坏上加坏　火上加火

祸上加祸　假上加假　贱上加贱　紧上加紧　精上加精　窘上加窘
旧上加旧　苦上加苦　懒上加懒　老上加老　乐上加乐　累上加累
冷上加冷　礼上加礼　力上加力　利上加利　乱上加乱　忙上加忙
美上加美　谜上加谜　密上加密　难上加难　奇上加奇　气上加气
青上加青　穷上加穷　热上加热　弱上加弱　傻上加傻　伤上加伤
少上加少　瘦上加瘦　甜上加甜　痛上加痛　稳上加稳　稀上加稀
喜上加喜　细上加细　鲜上加鲜　新上加新　严上加严　阴上加阴
硬上加硬　脏上加脏　糟上加糟　紫上加紫　罪上加罪

【填空练习】

罪上加罪　苦上加苦　好上加好　仇上加仇

① 我们现在缺的就是这种（　　　　）、精益求精的进取心。

② 战争贩子拒不认罪就是（　　　　）。

③ 他们本来关系就紧张，如果再这样骂来骂去，那就会（　　　　），仇恨越来越深。

④ 准备考试本来就是一件苦差事，加上现在是炎热的夏天，备考自然是（　　　　）。

【答案】

① 好上加好　② 罪上加罪　③ 仇上加仇　④ 苦上加苦

【辨析：A而又B和A上加A】

相同点：“A 而又 B”和“A 上加 A”表示 A 的程度高；A、B

都可以是单音节形容词。

不同点：“A 而又 B”还表示兼有两种性质（A、B 不同）；A 还可以是双音节形容词。“A 上加 A”只表示程度高；“A 上加 A”的 A 除了单音节形容词，还可以是单音节动词和单音节名词。

A 十足

“A 十足”表示 A 达到充足的程度。A 为双音节名词。

【例释】

中气十足　形容一个人说话声音洪亮，很有力量。

在新闻发布会上，他说话中气十足。

信心十足　表示非常有信心。

新年伊始，重返工作岗位的年轻人信心十足。

野性十足　表示野性很重。

这些羊生长在 3000 多米的高原，它们野性十足，运动能力超强。

年味十足　表示过年的气氛很浓厚。

儿时的过年时光对于我来说，并没有太多的快乐，尽管那时年味十足。

【语汇】

傲气十足　霸气十足　诚意十足　冲劲十足　创意十足　底气十足

电力十足　动感十足　动力十足　干劲十足　个性十足　官气十足
后劲十足　活力十足　火力十足　火气十足　劲道十足　精神十足
酷劲十足　魅力十足　默契十足　年味十足　派头十足　拼劲十足
气场十足　气势十足　趣味十足　人气十足　人味十足　神气十足
弹性十足　威风十足　喜感十足　信心十足　野性十足　意味十足
勇气十足　韵味十足　中气十足

【填空练习】

喜感十足　中气十足　默契十足　火力十足

① 他们两个人在一起工作了二十几年了，配合起来（　　　　）。

② 机枪手（　　　　），硬把敌机打了下来，太振奋人心了。

③ 初一公映的《西游记之孙悟空三打白骨精》中，小沈阳扮演的“八戒”（　　　　）。

④ 王大爷虽年过花甲，可身体非常好，说起话来（　　　　）。

【答案】

① 默契十足　② 火力十足　③ 喜感十足　④ 中气十足

A 手 B 脚

“A 手 B 脚”表示手部和脚部具有某一类特征或发出某一种动作。A、B 为单音节形容词或动词。

【例释】

比手画脚 表示说话的同时用手脚来比画（以使对方理解）。

你比手画脚地说什么呢？

大手大脚 比喻花钱不节省。

他花钱总是大手大脚，是个“月光族”。

毛手毛脚 表示做事粗心，不细致。

但凡有点毛手毛脚的，公司决不用他。

【语汇】

碍手碍脚	绑手绑脚	笨手笨脚	逼手逼脚	比手划脚	比手画脚
查手舞脚	粗手粗脚	大手大脚	登手登脚	点手划脚	断手断脚
慌手慌脚	慌手忙脚	挤手捏脚	毛手毛脚	捏手捏脚	蹑手蹑脚
轻手轻脚	缺手断脚	生手生脚	束手束脚	甩手顿脚	缩手缩脚
摊手摊脚	畏手畏脚	小手小脚	羞手羞脚	有手有脚	贼手贼脚
支手舞脚	指手点脚	指手顿脚	指手画脚		

【填空练习】

毛手毛脚　笨手笨脚　慌手慌脚　蹑手蹑脚

① 时间来得及呢，别着急。做事别（　　　　）的。

② 我回家的时候，奶奶睡着了，我（　　　　）地走进卧室。

③ 他做事总是（　　　　）的，把花瓶打碎了。

④ 他动作不灵活，做事显得（　　　　）的。

【答案】

① 慌手慌脚　② 蹑手蹑脚　③ 毛手毛脚　④ 笨手笨脚

随A随B

“随 A 随 B”表示第一个动作行为出现之后，第二个动作行为马上（紧接着）出现。“随”是副词，A、B 多为单音节动词。

【例释】

随叫随到　表示随时召唤，随时就能来到。

你有事给我打电话，我随叫随到。

随来随办　表示有人来就随时办理。

这样办事太方便了！现在这里提供 24 小时服务，不用去窗口排队，随来随办。

随吃随买　表示什么时候吃什么时候买，不囤积。

沈阳市民通过点外卖的方式购买月饼及各类食品，“随吃随买”即时零售成为城市消费新趋势。

【语汇】

随吃随买　随吃随取　随到随买　随到随煮　随到随做　随点随烤
随点随做　随喊随到　随呼随到　随坏随修　随来随办　随配随用
随请随到　随生随灭　随熟随收　随说随改　随说随记　随问随答
随下随化　随印随发　随用随买　随用随取　随遇随安　随脏随扫

【填空练习】

随点随烤　随说随记　随印随发　随叫随到

① 咱们的羊肉串都是（　　　　），新鲜着呢。

② 你有事给我打电话，我保证（　　　　）。

③ 你说慢一点，并且把内容（　　　　），课后发给我。

④ 不要着急，会议材料（　　　　）就行。

【答案】

① 随点随烤　② 随叫随到　③ 随说随记　④ 随印随发

T

天A地B

A、B 为单音节动词或形容词时，“天 A 地 B”表示某一动作重大或某种状态程度高。A、B 为单音节名词时，“天 A 地 B”表示分布在天地之间的某一种事物。

【例释】

天大地大　形容天地广阔。

天大地大，到哪里不能活着？我为什么非在这里委曲求全呢？

天差地别　表示差别特别大。

大学毕业之后，他们几个人的命运天差地别。

天经地义　表示天地间理所当然而不能改变的道理。

自古以来子女孝顺父母是天经地义的事。

天罗地网　原指天上、地下到处都是罗网；比喻防范布置得极为严密而无法逃脱。

他们给敌人布下了“天罗地网”。

【语汇】

天崩地坼　天崩地裂　天残地缺　天差地别　天差地远　天长地久
天长地老　天愁地惨　天摧地塌　天大地大　天翻地覆　天高地厚

天高地下　天寒地冻　天荒地老　天昏地暗　天昏地黑　天昏地转
天经地义　天开地辟　天宽地窄　天雷地火　天罗地网　天凝地闭
天平地成　天生地设　天时地利　天授地设　天悬地隔　天旋地转
天摇地动　天灾地变　天灾地妖　天造地设　天诛地灭　天尊地卑

【填空练习】

天翻地覆　天罗地网　天寒地冻　天差地别　天经地义

① 随着电脑和网络的普及，人们的生活发生了（　　　　）的变化。

② 这两家公司的产品差异之大，简直（　　　　）。

③ 这一带，警察已经布下（　　　　），罪犯不可能逃出来。

④ 冬天（　　　　），建造楼房地基的工作只好暂停。

⑤ 欠债还钱，这是（　　　　）的事。

【答案】

① 天翻地覆　② 天差地别　③ 天罗地网　④ 天寒地冻　⑤ 天经地义

A 天 B 地

“A 天 B 地”表示动作或状态涉及的范围广，规模或声势大。A、B 为单音节动词或形容词。

【例释】

铺天盖地 形容声势大，来势猛。

一到春天，校园里铺天盖地飘着杨絮。

欢天喜地 形容非常高兴。

过年前，公司放假了。小李欢天喜地地回老家去了。

翻天覆地 形容变化巨大。

十年之间，我的家乡发生了翻天覆地的变化。

【语汇】

哀天叫地	顶天立地	翻天覆地	翻天作地	改天换地	感天动地
高天厚地	管天管地	黑天墨地	轰天裂地	呼天号地	呼天唤地
欢天喜地	毁天灭地	昏天暗地	昏天黑地	极天际地	极天蟠地
将天就地	惊天动地	开天辟地	靠天靠地	哭天喊地	哭天抢地
流天澈地	埋天怨地	瞒天瞒地	瞒天昧地	瞒天席地	漫天盖地
漫天掩地	幕天席地	铺天盖地	欺天诳地	穷天极地	谈天论地
推天抢地	拖天扫地	乌天黑地	掀天动地	掀天揭地	谢天谢地
吁天呼地	怨天怨地	战天斗地	震天动地	指天画地	钻天入地

【填空练习】

铺天盖地　惊天动地　管天管地　欢天喜地　冰天雪地

① 几个人希望能做成一件（　　　　）的大事。

② 早上是（　　　　）的雾，地里的麦子几乎看不到了。

③ 哈尔滨的冬季很长，大概有4个多月都是（　　　　）。

④ 环保管家就是（　　　　）管空气。

⑤ 接到录取通知书以后，一家子（　　　　）。

【答案】

①惊天动地　②铺天盖地　③冰天雪地　④管天管地　⑤欢天喜地

头A脑B

"头A脑B"表示头部脑部的不适，主要指病症。A、B多为意义相近的单音节形容词、动词。

【例释】

头疼脑热 泛指小病或小灾小难。

我家里存着一些常备药，有个头疼脑热的，不用去医院。

头昏脑涨 表示头部昏晕，脑子发涨。

我这几天睡得不好，所以感觉头昏脑涨的。

【语汇】

头沉脑涨 头昏脑闷 头昏脑眩 头昏脑涨 头懵脑涨 头疼脑热
头疼脑涨 头痛脑热 头痛脑涨 头晕脑涨 头重脑闷 头重脑涨

【填空练习】

头昏脑涨 头疼脑热

① 昨天他一夜没睡，今天一天（ ）的。

② 人生在世，谁能没有个（ ）、感冒发烧的事。

【答案】

① 头昏脑涨 ② 头疼脑热

A头B脑

“A头B脑”有两种情况：

❶ 表示头部反复多次发出某一类动作或针对头部发出的动作。A、B为同一个或意义相近的单音节动词。动词有两类：一类是由头部发出的动作，如摇、摆、点、伸、探、耷、歪等；另一类是作用于头部的动作，如蒙、裹、劈、盖、搔、挠等。

【例释】

缩头缩脑　表示胆小怕事，不肯出头。

遇到什么难事，你不要缩头缩脑的，要想办法解决困难。

劈头盖脑　表示正对着头和脸盖下来；形容（打击、冲击、批评等）来势很猛。

桥墩激起的水流，翻卷起一人多高的波浪，劈头盖脑袭来。

【语汇】

巴头耷脑　垂头耷脑　低头耷脑　夹头夹脑　窥头探脑　披头盖脑
劈头盖脑　舒头探脑　缩头缩脑　探头缩脑　探头探脑　摇头摆脑
摇头晃脑

❷ 表示人具备的性状。A、B为同一个或意义相近的单音节形容词、名词，多与人的思维能力、精神状态、品性等有关。“头、脑”指人的聪明才智或思考能力。

【例释】

昏头昏脑　形容头脑不清晰。

我喝了三大杯酒，已经昏头昏脑了。

贼头贼脑　偷偷摸摸、鬼鬼祟祟的样子。

看那人贼头贼脑的，就知道不是个好人！

虎头虎脑　形容孩子壮健、憨厚、可爱的样子（多指男孩）。

这个孩子虎头虎脑的，让人喜欢。

【语汇】

傲头傲脑　笨头笨脑　痴头傻脑　蠢头呆脑　村头村脑　呆头呆脑
呆头木脑　浮头滑脑　狗头鼠脑　鬼头鬼脑　鬼头滑脑　鬼头鼠脑
憨头笨脑　憨头憨脑　猴头狗脑　虎头虎脑　滑头滑脑　昏头晕脑
昏头涨脑　浑头浑脑　尖头尖脑　倔头倔脑　倔头强脑　愣头呆脑
愣头愣脑　毛头毛脑　没头没脑　木头木脑　蔫头蔫脑　傻头傻脑
神头鬼脑　土头土脑　虚头巴脑　妖头怪脑　油头滑脑　圆头圆脑
无头无脑　依头顺脑　有头没脑　有头无脑　有头有脑　贼头狗脑
贼头鼠脑　贼头贼脑　猪头狗脑

【填空练习】

虎头虎脑　虚头巴脑　油头滑脑　傻头傻脑　鬼头鬼脑

① 他（　　　　），糊里糊涂，经常被别的孩子捉弄和嘲笑。

② 他这些天（　　　　）的，不知道又要耍什么花招。

③ 男孩儿亮亮长得（　　　　），人见人爱。

④ 网上那些东西，都是骗人的（　　　　）的玩意儿。

⑤ 这小伙子平时（　　　　）的，同事都不喜欢他。

【答案】

①傻头傻脑　②鬼头鬼脑　③虎头虎脑　④虚头巴脑　⑤油头滑脑

添A加B

“添A加B”表示增加、增添某物。A、B为单音节名词。

【例释】

添油加醋　比喻夸大或歪曲事实，增添原来没有的内容或细节。

他们添油加醋把事情跟老师一说，老师气极了。

添砖加瓦　比喻为宏伟的事业做一点小小的贡献。

我们要为国家的经济建设添砖加瓦。

添光加彩　表示增添光彩；比喻好上加好，美上加美。

中国女子足球队出线，给中国体育运动添光加彩。

添草加料　表示增加草料。

要想羔羊长得好，晚上还得给母羊添草加料。

【语汇】

添草加料　添醋加油　添丁加口　添堵加恨　添饭加菜　添饭加衣
添光加彩　添酒加菜　添料加食　添煤加炭　添色加味　添土加肥
添薪加柴　添薪加火　添衣加被　添油加醋　添枝加叶　添砖加瓦
添姿加彩

【填空练习】

添草加料　添油加醋　添衣加被　添丁加口　添土加肥

① 他喜欢把听来的一些话，（　　　　）地传播出去。

② 为什么夜里给马（　　　　）很重要？

③ 种植草莓，立冬前需要修枝，（　　　　）。

④ 天越来越冷了，别忘了给孩子（　　　　）。

⑤ 家里的老人都盼着（　　　　），催促他们早点生孩子。

【答案】

① 添油加醋　② 添草加料　③ 添土加肥　④ 添衣加被　⑤ 添丁加口

W

无 A 不 B

“无 A 不 B”用双重否定表示肯定的意思。有两种情况：

❶ 表示在某一个范围内的人、事物全部具有某种性质状态（B），毫无例外。A 是名词，是集合概念或多个（两个以上）个体；B 是动词或形容词。

【例释】

无事不知 表示知道所有的事情。

他虽然是个小人物，却是天下大事，无事不知。

无人不苦 表示所有人都苦。

苦才是生活，累才是人生，这个世上，无人不苦。

无人不爱 表示所有人都喜爱。

小姑娘长得很漂亮，无人不爱。

【语汇】

无草不肥	无宠不惊	无处不到	无处不黑	无处不活	无处不假
无处不见	无处不僵	无处不苦	无处不绿	无处不美	无处不柔
无处不松	无处不酸	无处不疼	无处不香	无处不在	无处不壮
无雕不精	无雕不美	无洞不幽	无恶不干	无恶不造	无恶不作
无峰不秀	无缝不钻	无感不应	无高不攀	无官不黑	无官不烂

无官不清　无官不贪　无话不聊　无话不说　无话不谈　无货不假
无计不险　无坚不穿　无坚不摧　无坚不破　无坚不入　无刻不变
无孔不入　无孔不钻　无路不堵　无泥不烂　无奇不有　无巧不遇
无人不爱　无人不悲　无人不服　无人不坏　无人不及　无人不苦
无人不骂　无人不识　无人不喜　无人不晓　无人不冤　无人不知
无山不绿　无山不美　无商不奸　无石不奇　无时不在　无事不办
无事不知　无事不做　无书不读　无书不精　无水不清　无往不复
无往不可　无往不利　无往不前　无往不胜　无微不至　无虚不补
无药不贵　无一不备　无一不精　无一不美　无一不缺　无一不通
无一知　无远不往　无远不至　无愿不成　无运不生　无灾不烈
无招不破　无折不买

❷A、B 构成条件结果关系，A 是 B 的“充分且非必要”条件。A 是名词，B 是动词、形容词或名词。

【例释】

无酒不欢　表示没有酒就不尽兴。

他这个人无酒不欢。

无商不富　表示没有商业贸易就不会有富足的生活。

商人地位很高，国无商不富。

无信不立　泛指人没有信用就无法立身。

信，是一种准则，民无信不立，国无信不威。

【语汇】

无兵不稳　无诚不信　无促不销　无醋不欢　无打不安　无打不稳
无动不舞　无法不行　无防不稳　无工不富　无工不强　无供不录
无假不市　无奸不商　无街不市　无酒不欢　无军不安　无军不稳
无辣不欢　无雷不火　无粮不稳　无令不出　无绿不美　无明不破
无农不稳　无破不立　无肉不饱　无肉不欢　无商不富　无商不活
无树不古　无水不秀　无水不长　无私不偏　无汤不饭　无土不生
无销不产　无销不进　无销不稳　无信不立　无信不强　无信不旺

无信不稳　无信不兴　无证不信

【填空练习】

无商不富　无人不爱　无酒不欢　无话不说　无信不立

① 酒文化历史很悠久，自古以来，(　　　　　)，无酒不成席。

② 曾仕强说过一句话：商无官不安，官(　　　　　)。真是人生大智慧。

③ 一边吃着零食一边追电视剧，这样的方式(　　　　)。

④ 中国人历来信奉诚实守信，认为人(　　　　　)。

⑤ 他们两人是(　　　　　)的好朋友，一见面聊起来就没完没了。

【答案】

①无酒不欢　②无商不富　③无人不爱　④无信不立　⑤无话不说

无可 A

“无可 A”表示不能或无法进行某一动作。A 是双音节动词（短语）。

【例释】

无可更改　表示不可改变。

生命的长度无可更改，生命的厚度却能把握。

无可挽回 表示无法恢复原状，后悔已经晚了。

一个小小的失误带来了无可挽回的损失。

无可救药 表示差到了无法挽回的地步。

政府工作人员如果都抱着“多一事不如少一事”的消极态度，那就无可救药了。

【语汇】

无可把握 无可报答 无可比拟 无可比象 无可避免 无可辩白
无可辩驳 无可补救 无可查询 无可超越 无可称道 无可称赞
无可摧毁 无可代替 无可抵抗 无可抵赖 无可动摇 无可遁形
无可遏抑 无可遏止 无可反驳 无可仿效 无可非议 无可奉告
无可否认 无可复制 无可改变 无可更改 无可更易 无可估量
无可撼动 无可厚非 无可怀疑 无可回避 无可讳言 无可计量
无可解救 无可救药 无可抗拒 无可理喻 无可利用 无可伦比
无可名状 无可奈何 无可逆转 无可排遣 无可攀附 无可匹敌
无可媲美 无可凭借 无可凭依 无可泣诉 无可取代 无可容身
无可申诉 无可适从 无可思量 无可替代 无可挑剔 无可推却
无可推托 无可推诿 无可挽回 无可挽救 无可违拗 无可违逆
无可限量 无可效法 无可效仿 无可宣泄 无可选择 无可压抑
无可言表 无可言解 无可言喻 无可依恋 无可疑虑 无可疑问
无可异议 无可抑止 无可隐蔽 无可隐身 无可逾越 无可责备
无可争辩 无可争议 无可指责 无可指摘 无可质疑 无可置辩
无可置喙 无可置疑 无可转圜 无可追求 无可追寻 无可阻挡

【填空练习】

无可奉告 无可比拟 无可挽回 无可指责 无可置疑

① 谈判很顺利，至于谈判的具体内容，现在还（ ）。

② 他的行为属于正当防卫，我认为（ ）。

③ 这些数字（ ）地表明，中国的经济这几年的确得到了长足的发展。

④ 这种最新型的电脑，有着所有其他电脑都（　　　　）的优越性。

⑤ 他们俩的关系彻底破裂，已经（　　　　）了。

【答案】

①无可奉告 ②无可指责 ③无可置疑 ④无可比拟 ⑤无可挽回

无关A

“无关A”表示与某一事物或事件没有关联。A是双音节名词或动词、形容词（短语）。

【例释】

无关血统 表示与血统无关。

真正的高贵无关血统。

无关痛痒 指与自身利害没有关系或无足轻重。

你们对他的批评真是无关痛痒。

无关大局 表示对整个局势没有影响。

事实证明，他们的错误不是无关大局的。

【语汇】

无关爱情　无关暧昧　无关成败　无关成熟　无关刺激　无关大局
无关大体　无关大雅　无关得失　无关地点　无关繁华　无关风雅

无关风月　无关感情　无关高傲　无关高低　无关个人　无关个体
无关好坏　无关宏旨　无关金钱　无关紧要　无关进度　无关老少
无关离别　无关理智　无关利害　无关伦理　无关迷信　无关名次
无关男女　无关年龄　无关偶像　无关偏见　无关品位　无关轻重
无关情爱　无关权贵　无关全局　无关群众　无关人品　无关人生
无关人事　无关人性　无关荣誉　无关容貌　无关善恶　无关身份
无关生死　无关胜负　无关时间　无关时局　无关时世　无关实际
无关世事　无关是非　无关输赢　无关思想　无关条件　无关痛痒
无关外表　无关外形　无关慰藉　无关稳定　无关细节　无关现实
无关心理　无关心痛　无关星座　无关性别　无关性情　无关炫耀
无关血统　无关言论　无关颜面　无关演技　无关义理　无关意气
无关优劣　无关友情　无关欲望　无关原则　无关缘分　无关阅历
无关责任　无关真假　无关真相　无关政见　无关政要　无关政治
无关忠诚　无关重点　无关自尊　无关尊严

【改写练习】选择“无关 A”格式，改写下列句子中的画线部分

无关年龄　无关大局　无关身份　无关国籍　无关距离　无关性别

① 一个人的成熟，与年龄无关，与经历世事的多少有关。

② 素养的高低，与身份和年龄没有关系，却与是否会设身处地为他人考虑有莫大的关系。

③ 爱情是两个人的事情，与年龄、身份、国籍无关，甚至与距离无关，与性别无关。

④ 洪杨军能不能攻下江宁，不会影响整个战争局势。

【答案】

①无关年龄　②无关年龄 / 无关身份　③无关年龄 / 无关身份 / 无关国籍 / 无关距离 / 无关性别　④无关大局

无所 A

“无所 A”表示不具备 / 没有某物或某一行为。A 是双音节动词或名词。

【例释】

无所畏惧　表示没有什么好害怕的，丝毫不畏惧。

这一带人勇猛，遇事无所畏惧。

无所挂念　表示没有什么牵挂的。

也许还真像你说的那样，没有对象，无所挂念，但是总归有喜欢的人。

无所作为　表示没有做出任何成绩；指工作中安于现状。

青年人要勇于奋斗，不能安于现状，无所作为。

【语汇】

无所爱好　无所懊悔　无所保留　无所报酬　无所裨益　无所表示
无所补济　无所猜嫌　无所差别　无所差池　无所超脱　无所称述
无所成就　无所成事　无所迟疑　无所措置　无所得失　无所动摇
无所遁藏　无所遁迹　无所遁形　无所发现　无所付出　无所负担
无所改变　无所感觉　无所感应　无所隔阂　无所根据　无所贡献
无所顾及　无所顾忌　无所顾惜　无所挂碍　无所挂虑　无所挂念
无所关注　无所归宿　无所归依　无所规范　无所皈依　无所过错
无所横行　无所羁绊　无所记录　无所忌惮　无所忌讳　无所寄托
无所见解　无所建树　无所节制　无所介怀　无所芥蒂　无所界限

无所进取　无所进益　无所禁忌　无所拘束　无所觉察　无所恐惧
无所例外　无所留恋　无所留念　无所留滞　无所迷恋　无所匹敌
无所偏倚　无所凭据　无所凭恃　无所凭依　无所祈求　无所企求
无所牵绊　无所牵挂　无所欠缺　无所亲信　无所区别　无所取材
无所取法　无所伤损　无所奢求　无所舍弃　无所失望　无所施展
无所事事　无所适从　无所适应　无所嗜好　无所收获　无所收益
无所损失　无所损益　无所索求　无所挑剔　无所投靠　无所违逆
无所违忤　无所畏惧　无所畏怯　无所希求　无所希望　无所限制
无所需求　无所压力　无所要求　无所依从　无所依附　无所依据
无所依凭　无所依托　无所依循　无所遗憾　无所疑虑　无所异议
无所隐瞒　无所萦怀　无所用途　无所用意　无所缘由　无所怨言
无所臧否　无所增加　无所增损　无所遮掩　无所知觉　无所知晓
无所执着　无所指望　无所指责　无所助益　无所专长　无所追求
无所着落　无所遵循　无所作为

【填空练习】

无所适从　无所顾忌　无所事事　无所依据

①　当孩子遇到危险的时候，爸爸妈妈一定会（　　　　）地上前去保护他。

②　我有一段日子（　　　　），每天就是看电视。

③　饭桌上爷爷让我多吃丸子，奶奶让我多吃鱼豆腐，我（　　　　），不知道听谁的好。

④　他这些话（　　　　），不要相信他。

【答案】

①无所顾忌　②无所事事　③无所适从　④无所依据

无所不A

“无所不 A”表示对所谈及的内容，没有不涉及的方面。A 为单音节动词。

【例释】

无所不为 表示没有不干的事情，指什么坏事都干。

这个家伙无所不为。

无所不通 表示样样都精通。

无所不晓 表示什么都知道。

天文地理，无所不通；三教九流，无所不晓。

无所不管 表示什么都管。

城管似乎“无所不管”，执法职能与卫生、工商、规划、园林等政府部门均有交叉。

【语汇】

无所不包	无所不备	无所不遍	无所不懂	无所不赅	无所不给
无所不寡	无所不管	无所不会	无所不获	无所不及	无所不精
无所不纠	无所不具	无所不可	无所不窥	无所不买	无所不能
无所不拼	无所不评	无所不容	无所不入	无所不施	无所不识
无所不谈	无所不通	无所不往	无所不为	无所不晓	无所不言
无所不宜	无所不有	无所不予	无所不在	无所不知	无所不至

【填空练习】

无所不能　无所不拼　无所不知　无所不谈

① 除了“拼饭”，网友逐渐（　　　　）。

② 他这个人在电脑方面简直可以说是（　　　　），不管你的电脑出了什么问题，只要找他，马上就能搞定。

③ 他俩是（　　　　）的好朋友。

④ 他这人知识面广，天文地理（　　　　）。

【答案】

① 无所不拼　② 无所不能　③ 无所不谈　④ 无所不知

无A无B

“无A无B”表示A、B两种事物、性状或动作行为都没有，都不具备。A、B为名词、动词或形容词。

【例释】

无牵无挂　表示没有拖累，非常放心。

他所有的事情都看得开，无牵无挂，过得自在逍遥。

无依无靠　表示没有依靠。

父母都死了，两个孩子无依无靠。

无影无踪　表示没有踪迹。

孩子已经跑得无影无踪了。

无仇无怨 表示没有仇怨。

我跟他无仇无怨，他却莫名其妙地不喜欢我。

【语汇】

无爱无恨 无爱无伤 无爱无怨 无帮无派 无边无际 无边无垠
无病无残 无病无伤 无病无痛 无病无灾 无病无债 无波无动
无猜无忌 无才无德 无财无产 无藏无躲 无草无田 无差无别
无差无错 无车无房 无虫无鸟 无仇无恨 无仇无冤 无愁无烦
无船无桥 无创无痛 无灯无火 无灯无月 无电无网 无雕无琢
无爹无妈 无爹无娘 无动无静 无痘无斑 无妒无恨 无烦无恼
无房无车 无房无钱 无房无舍 无风无浪 无风无沙 无风无雪
无风无雨 无风无云 无福无报 无父无母 无根无靠 无根无实
无工无巧 无功无过 无官无党 无官无任 无官无衔 无贵无贱
无锅无灶 无过无错 无好无坏 无恨无悔 无欢无喜 无火无烟
无祸无灾 无级无别 无家无累 无家无业 无见无闻 无桨无帆
无节无假 无姐无弟 无戒无备 无尽无涯 无惊无惧 无惊无扰
无惊无喜 无惊无险 无酒无肉 无旧无新 无惧无忧 无来无去
无泪无惧 无冷无热 无粮无水 无鳞无刺 无鳞无鳍 无路无计
无路无桥 无眉无发 无门无路 无门无派 无门无锁 无内无外
无念无求 无牌无照 无牌无证 无凭无据 无起无伏 无起无落
无牵无碍 无牵无绊 无牵无缠 无牵无扯 无牵无挂 无钱无米
无钱无势 无墙无顶 无桥无船 无亲无故 无轻无重 无晴无雨
无求无争 无色无味 无山无矿 无山无水 无伤无恨 无伤无痛
无神无采 无神无光 无神无魂 无神无气 无生无灭 无生无熟
无生无死 无声无息 无失无过 无识无觉 无是无非 无手无脚
无手无足 无输无赢 无树无屋 无霜无雪 无水无电 无水无食
无水无油 无水无鱼 无私无畏 无思无念 无思无想 无贪无求
无糖无蜜 无疼无痒 无偷无抢 无头无脸 无头无脑 无土无虫
无畏无惧 无屋无衣 无喜无悲 无喜无愁 无喜无乐 无喜无忧
无喜无怨 无险无灾 无小无大 无笑无欢 无星无月 无星无云
无形无色 无休无歇 无休无止 无学无识 无血无泪 无血无肉
无烟无毒 无烟无酒 无言无语 无盐无油 无药无治 无依无傍

无依无附　无依无靠　无依无凭　无依无求　无依无托　无意无心
无忧无愁　无忧无惧　无忧无虑　无鱼无肉　无雨无雪　无欲无求
无冤无仇　无怨无仇　无怨无恨　无怨无悔　无怨无求　无云无风
无云无烟　无灾无难　无增无减　无诈无欺　无长无少　无遮无盖
无遮无拦　无遮无掩　无震无惊　无争无斗　无争无求　无止无休
无烛无灯　无助无援　无阻无挡

【填空练习】

无儿无女　无电无网　无风无雨　无根无据　无权无势

①　这里夏季不仅（　　　　），而且万里无云，太阳把人晒得无精打采。

②　老人一辈子没有结婚，（　　　　），晚年会不会很孤独？

③　深山里（　　　　），交通也不方便。

④　他们家在当地（　　　　），根本不是什么大家族。

⑤　你这篇文章（　　　　），格式也非常混乱，必须进行修改。

【答案】

①无风无雨　②无儿无女　③无电无网　④无权无势　⑤无根无据

X

先A后B

“先A后B”表示按照时间先后顺序实施A、B两个动作行为或进入A、B两种状态。A、B为单音节形容词、动词或名词。

【例释】

先斩后奏 比喻先采取行动，然后再向上级报告。

这件事得上报领导，先斩后奏肯定不行。

先苦后乐 表示先吃苦后享乐。

“吃得苦中苦，方为人上人”，我始终相信这句话，我相信人生都是先苦后乐。

先尝后买 表示先品尝后购买。

在我们商店购买面包，可以先尝后买。

【语汇】

先并后减 先补后泻 先补后占 先尝后买 先粗后精 先粗后细
先存后贷 先大后小 先点后面 先跌后回 先跌后涨 先定后审
先分后合 先分后破 先高后低 先旱后涝 先花后叶 先急后缓
先奸后杀 先教后学 先进后出 先近后远 先客后主 先哭后笑
先苦后乐 先苦后甜 先快后慢 先礼后兵 先练后讲 先卖后租
先谋后动 先南后北 先判后审 先破后立 先签后换 先强后弱

先轻后重　先热后冷　先认后写　先上后下　先少后多　先深后浅
先升后跌　先升后回　先升后降　先疏后亲　先松后紧　先听后说
先外后内　先洗后切　先凶后吉　先选后留　先学后教　先义后利
先易后难　先赢后输　先硬后软　先忧后乐　先友后婚　先予后取
先斩后奏　先征后返　先征后退　先支后收　先主后次　先转后看
先走后审　先租后买　先左后右　先做后说

【填空练习】

先紧后松　先易后难　先苦后甜　先跌后涨

① 好的教育必然是一个（　　　　）的过程，小的时候严格一些，是为了让孩子形成一些良好的行为习惯。年纪大一点儿的时候，家长就放手，给孩子更多的自由和空间。

② 大多数人要经历苦难之后才能过上幸福的日子，这种（　　　　）的人生值得回味。

③（　　　　）型是指开市后价格大幅下降，后又回升到高位收市，后市承接力强，暗示上升力强。

④ 教学通常遵循（　　　　）、循序渐进的教学原则。

【答案】

① 先紧后松　② 先苦后甜　③ 先跌后涨　④ 先易后难

现 A 现 B

"现 A 现 B" 表示为了某一个目标，当场、现场采用某一种行为。一种情况是，A、B 所代表的动作行为发生具有先后顺序，B

是A的目的，多带有说话人满意的感情色彩；另外一种情况是，A、B所代表的动作行为发生不具有先后顺序（先B后A），A动作是B动作的目的和意图，“现A现B”强调为实现某个目的而临时采取某种行动，多带有说话人不满的感情色彩。A、B为单音节动词。

【例释】

现学现卖　表示刚学会的东西马上就去卖弄。

小明把昨天从网上学来的舞步，现学现卖，教给他的同学。

现用现查　表示该用了才临时去查（有准备不充分之意）。

我随身带着词典，写作时现用现查。

现学现用　表示刚学会的东西马上就去用。

日本当时的政治领导从外国的入侵者那里现学现用，让现代技术、日本民族的儒家伦理朝着向它有利的方向转移。

【语汇】

现搬现学　现包现卖　现包现煮　现编现唱　现编现演　现采现卖
现采现用　现唱现编　现吃现炒　现吃现烤　现吃现煮　现吃现做
现点现做　现趸现卖　现教现学　现捞现卖　现买现吃　现卖现刻
现卖现写　现配现用　现取现卖　现杀现卖　现烧现冲　现调现用
现问现答　现学现卖　现学现做　现演现编　现用现查　现用现买
现用现调　现用现学　现宰现烤　现摘现发　现摘现卖

【填空练习】

现杀现卖　现编现演　现摘现卖　现点现做　现用现买

①　农贸市场的鱼摊上的鱼都是活的，（　　　　）。

②　这个葡萄采摘园很有创意，让一家人自己摘葡萄然后买回家。这种（　　　　）的方式既让孩子们享受采摘的乐趣，又能提高葡萄销量。

③　这家饭店的菜（　　　　），虽然上得有点慢，但菜

品新鲜美味。

④　这段台词是我们即兴发挥、（　　　　　）的，没有提前准备。

⑤　卫生纸我都是在家储存一些，通常不会（　　　　　）。

【答案】

①现杀现卖　②现摘现卖　③现点现做　④现编现演　⑤现用现买

【辨析：随A随B和现A现B】

相同点：“随A随B”和“现A现B”都表示A、B两种动作行为发生的时间间隔短。

不同点：❶语义上，“现A现B”表示为了某一个目标当场、现场采用某一种行为，突出的是“现场”“当时”；“随A随B”表示第一动作行为出现之后紧接着出现第二个动作行为，突出的是“紧接”“紧随其后”。❷“现A现B”的A、B所代表的动作行为的发生可以是具有先后顺序的，即先A后B，如“现宰现吃”“现烤现吃”；也可以是不具有先后顺序的，即先B后A，A动作是B动作的目的和意图，如“现吃现宰”“现吃现烤”。“随A随B”的A、B所代表的动作行为的发生一定是具有先后顺序的，即先A后B，如“随引随发”“随叫随到”。

小A小B

“小A小B”表示事物数量少、级别低，或动作规模小。A、B为意义相同或相近的单音节动词或名词。

【例释】

小门小户 表示地位低的平民人家。

小门小户的白红梅想嫁入豪门，那是异想天开。

小恩小怨 表示小的恩怨。

这些电影讲述的多是一些生活中的小恩小怨，让我觉得很无聊。

小恩小惠 表示小的好处和恩情。

作为领导，平时给他一些小恩小惠，能让工作更顺利一些。

【语汇】

小病小灾　小材小料　小打小闹　小恩小惠　小恩小怨　小风小浪
小风小雨　小锅小灶　小街小巷　小酒小菜　小磕小碰　小来小去
小门小户　小门小派　小名小利　小模小样　小起小落　小敲小打
小舍小得　小手小脚　小摊小巷　小痛小痒　小偷小摸　小头小脑
小鱼小虾　小资小调

【填空练习】

小病小痛　小偷小摸　小名小利　小恩小怨

① 他的文章立意不高，写一些生活中的（　　　　）、

小情小调。

② 他们这些人为了（　　　　），争得你死我活的。

③ 家里常备医药包是必需的，生活中总有些（　　　　），可以在家自己处理。

④ 在超市偷牙膏、塑料袋之类的（　　　　）行为在生活中还是比较常见的，属于一种不道德的行为。

【答案】

① 小恩小怨　② 小名小利　③ 小病小痛　④ 小偷小摸

相 A 相 B

“相 A 相 B”表示在某种（或两种）行为上彼此同样对待。A、B 为单音节动词。

【例释】

相亲相爱　表示关系密切，感情深厚。

咱们是相亲相爱的一家人。

相依相伴　表示互相依靠，相互陪伴。

老两口相依相伴，一起走过了五十年。

相爱相杀　表示彼此爱恋对方，又相互伤害。

如果合不来却又分不开，那就一起相爱相杀直至把爱都耗光吧。

【语汇】

相爱相杀　相伴相随　相反相成　相仿相效　相辅相成　相克相济
相切相磋　相亲相爱　相生相成　相生相克　相依相伴　相依相恋
相因相生

【填空练习】

相切相磋　相辅相成　相生相克　相亲相爱

① 他们一家人（　　　　），让无数人羡慕。

② 学了新的招式后，两个人一起（　　　　），很快就掌握了。

③ 中医学说中利用五行的（　　　　），促进人体机能的健康发展。

④ 心理工作与思想政治工作，就像是鸟的双翼、车的双轮，二者（　　　　），缺一不可。

【答案】

① 相亲相爱　② 相切相磋　③ 相生相克　④ 相辅相成

【辨析：相A相B和互A互B】

相同点：“相A相B”和“互A互B”都表示在某种（或两种）行为上彼此同样对待。

不同点：“相A相B”的A、B可以为近义词，如“相亲相爱”“相依相伴”，也可以为反义词，如“相生相克”“相爱相杀”。A和

B还可以是顺承关系，即A与B有发生时间先后的不同，如“相辅相成”（先相互辅助，再相互促成）、“相识相知”（先相互认识，再相互了解）。“互A互B”的A、B为近义词，不能为反义词。A、B不能构成顺承关系。

Y

A言B语

“A 言 B 语”表达话语的性质或数量多少。A、B 为单音节形容词或数词。

【例释】

只言片语　表示话少，表述不完整。

只凭这些只言片语，我们无法了解事件的整个过程。

直言快语　表示说话直来直去，十分爽快，没有任何顾虑。

他是一个直言快语的人。

甜言蜜语　表示为了讨人喜欢或哄骗人而说好听的话。

甜言蜜语的男人不可靠。

【语汇】

粗言污语　粗言秽语　恶言恶语　风言风语　怪言怪语　豪言壮语
和言细语　胡言乱语　花言巧语　秽言污语　快言快语　流言蜚语
能言快语　七言八语　千言万语　轻言细语　三言两语　三言五语
甜言蜜语　闲言碎语　一言半语　只言片语　直言快语

【填空练习】

三言两语　花言巧语　直言快语　粗言污语

①　众所周知，金星是（　　　　）的主持人，特别有个

性，敢于表达自己的想法。

② 男人被女人的（　　　　）迷得神魂颠倒，花了很多钱。

③ 在公共场合，请不要使用（　　　　）或不礼貌的话语。

④ 张艺（　　　　）就把道理解释清楚了，大家从内心佩服他。

【答案】

① 直言快语　② 花言巧语　③ 粗言污语　④ 三言两语

一 A 百 B

“一 A 百 B”表示通过数量较少的动作行为（A）达到数量较多的结果或出现众多类似情况（B）。“一”代表极端小、少数，表达“轻微”义；“百”代表极端大、多数，表达“重大”义。“一”“百”不表示本身代表的具体数值。“一”“百”具有条件、承接关系。A、B 为单音节形容词、动词、名词。

【例释】

一了百了　表示把一件主要的事情了结以后，其余有关的事情也跟着了结了。

一去世，他的苦恼就一了百了了。

一呼百应　表示响应附和的人众多。

他个人威信很高，常常一呼百应。

一顺百顺　表示关键的一件事顺当了，其他事也都顺当了。

希望你的公司一顺百顺。

【语汇】

一差百错　一倡百和　一唱百和　一错百错　一吠百声　一狠百狠
一呼百诺　一呼百应　一解百解　一了百当　一了百了　一门百笏
一荣百荣　一身百为　一树百获　一顺百顺　一通百通　一响百应
一泻百里　一糟百糟　一字百金　一字百炼

【填空练习】

一呼百应　一顺百顺　一了百了　一荣百荣

① 这件事办完，就能（　　　），完成任务了。

② 他在班上很有号召力，同学们都是（　　　）。

③ 祝福你们毕业以后工作生活（　　　）。

④ 损坏耕地一损百损，节约资源（　　　）。

【答案】

①一了百了　②一呼百应　③一顺百顺　④一荣百荣

一 A 半 B

“一 A 半 B”表示数量不多或时间不久。“一”和“半”表示少量，A、B 为意义相同或相近的单音节名词。

【例释】

一言半语 表示话很少。

这件事明明是他做得不对，可他连一言半语都没有，人家能不恼火吗？

一官半职 多指比较低微的头衔职称。

他在官场中干了多年，也没捞个一官半职。

一男半女 表示一个儿子或女儿。

这对夫妇年过半百，没有一男半女。

一年半载 泛指一段时间，表示时间不长。

掌握一门外语，一年半载可不行。

【语汇】

一斑半点　一差半错　一官半职　一阶半职　一鳞半甲　一鳞半爪
一男半女　一年半载　一旗半枪　一时半会　一时半刻　一时半霎
一时半晌　一丝半缕　一丝半粟　一星半点儿　一言半辞
一言半句　一言半字　一招半式　一支半节　一知半见　一知半解
一肢半节　一资半级

【填空练习】

一年半载　一招半式　一知半解　一官半职

① 他们结婚后，（　　　　）生下孩子就安稳了。

② 这个原理，我没有搞清楚，听了半天还是（　　　　）。

③ 他在这里工作了 20 年了，也没有得到（　　　　）。

④ 你经常跟武术大师在一起，能学个（　　　　）就足够了。

【答案】

① 一年半载　② 一知半解　③ 一官半职　④ 一招半式

一A不B

“一A不B”的“不”是副词，B为动词，A为名词或动词。

❶A为名词，B为动词，“一A”表示极小量，“一A不B”通过对极小量的否定，表示完全否定；“一A不B”表示完全不采取某一行为，带有强调和夸张的意味。

【例释】

一丝不挂 表示一件衣服也不穿。

我推门进去的时候，看见有一个一丝不挂的人躺在床上。

一言不发 表示一句话也不说。

一堂课下来，学生们一言不发，老师太头疼了。

一尘不染 表示一点灰尘也没有。

这间屋子真干净，处处打扫得一尘不染。

【语汇】

一尘不到　一尘不染　一尘不涉　一尘不受　一尘不缁　一丁不识
一分不少　一个不懂　一个不落　一个不容　一个不剩　一毫不差
一毫不染　一刻不停　一毛不拔　一钱不名　一钱不值　一窍不通
一声不出　一声不吭　一声不响　一事不知　一丝不苟　一丝不挂
一文不名　一文不值　一物不知　一言不发　一言不合　一字不差
一字不漏　一字不识　一字不易

❷A 为动词，B 为动词，“一”虚化成副词，表示“一旦，一经”，此时“一 A 不 B”表示动作情况一经发生就不改变。

【例释】

一去不返 表示人离开以后不会回来；也表示事物过去以后不会重现。

我说好要回来的，但一回到英国就一去不返了。

一病不起 表示得病以后再也起不来床。

生意失败后，他就一病不起了。

【语汇】

一病不起 一成不变 一成不易 一斥不复 一筹不画 一筹不吐
一跌不振 一蹶不振 一去不返 一去不回 一卧不起

【填空练习】

一窍不通 一成不变 一卧不起 一蹶不振

① 自从上次考试考砸了，他受了打击，（ ）。

② 虽然他对打扑克牌（ ），但是他会下围棋。

③ 社会变化速度很快，处理事情的方法不能（ ）。

④ 九岁那年，我的爷爷突染重病，（ ）。

【答案】

① 一蹶不振 ② 一窍不通 ③ 一成不变 ④ 一卧不起

一A而B

“一A而B”表示前一个动作很快就产生了某一个后果（后一个动作）。A和B为单音节动词，A、B表示两种动作行为，前后语义具有承接关系。

【例释】

一饮而尽 表示一口气就喝完了；形容喝得非常爽快。

他拿起那杯酒，一饮而尽。

一扫而光 表示迅速卖光。

超市的东西，半天之内被一扫而光。

一弹而起 表示迅速跳起。

小猫从地上一弹而起，抓住了树上的小鸟。

一拥而入 表示一下子全拥了进去，挤了进去。

守在城外的军队一拥而入，迅速占领了这座城市。

【语汇】

一蹦而起	一蹴而成	一蹴而得	一蹴而就	一蹴而至	一带而过
一发而动	一干而尽	一鼓而擒	一呵而就	一哄而起	一哄而散
一哄而上	一哄而下	一挥而成	一挥而就	一击而中	一激而就
一惊而醒	一览而尽	一掠而过	一掠而至	一怒而去	一扑而上
一抢而光	一抢而空	一扫而光	一扫而过	一扫而尽	一扫而空
一闪而过	一闪而入	一闪而逝	一闪而至	一售而空	一弹而起

一跳而起　一听而知　一往而深　一望而知　一销而空　一笑而过
一笑而已　一泻而下　一仰而尽　一饮而尽　一拥而入　一拥而上
一涌而出　一跃而成　一跃而出　一跃而过　一跃而起　一跃而入
一跃而为　一跃而下　一跃而至　一抓而起

【填空练习】

一蹴而就　一击而中　一闪而入　一扫而光

① 练习书法是一项长期任务，不能寄希望（　　　　）。

② 桌子上的那么多菜，他们两个人（　　　　）了。

③ 小王的枪法特别好，每次射击都会（　　　　）。

④ 我在胡同口，看到有一个身形（　　　　）进了小院。

【答案】

①一蹴而就　②一扫而光　③一击而中　④一闪而入

一A二B

“一A二B”有两种情况：

❶ 表示动作行为数量不多、时间不久或性状程度低。“一”和“二”表示少量，A、B可以是意义相近或相反的单音节形容词或动词。

【例释】

一穷二白　表示基础差，底子薄，甚至一无所有。

我们国家在20世纪50年代，一穷二白。经过几十年的发展，我们的经济发生了巨大变化。

一来二去 表示互相交往、接触后渐渐产生某种情况。

一来二去，两个人熟悉起来。

一高二低 表示高低强弱或胜负输赢；指意外的变故。

他决定要在精神上，要在社会的面前，和高明楼他们比个一高二低。

【语汇】

一差二错 一差二误 一长二短 一干二净 一高二低 一哭二闹
一来二去 一齐二整 一清二白 一穷二白

❷ 表示一人或物有两个（对象）。A、B多为单音节名词或动词。

【例释】

一石二鸟 表示一个举动达到两个目的。

这个办法不但可行，还能够事半功倍，真不失为一石二鸟之计。

一身二任 表示一个人承担两种职务。

我是人大代表又是检察长，一身二任对履职提出了更高要求。

一心二用 表示一个时间段同时做两件事；现专指不专心、不认真。

不能一边开车一边打电话，一心二用很可怕。

【语汇】

一车二主 一房二卖 一房二主 一房二租 一家二贵 一家二姓
一家二主 一仆二主 一旗二枪 一身二任 一石二鸟 一台二绝
一物二名 一心二意 一心二用 一叶二芽

【改写练习】选择“一A二B”格式，改写句子中画线部分

一心二用　一物二名　一叶二芽　一房二主

① 上数学课的时候，他一边听课一边做手工作业，被数学老师罚站。

② 莲花还有一个名字叫“水芙蓉”，你可能会问为什么有两个名字？

③ 一个叶片二个嫩芽，是一等龙井，特极龙井则是一芽一叶。

④ 法院刚刚处理一起“一所房子卖给两个客户”的案件。

【答案】

① 一心二用　② 一物二名　③ 一叶二芽　④ 一房二主

一A了之

“一A了之”的“了”是动词，表示主体采取某一种动作行为来解决某一问题或现状，“一”表示A的行为方式快捷简便、干净利落。从说话人的感情角度，“一A了之”有对某一种动作行为不满意的感情色彩。A多为单音节动词。

【例释】

一笑了之　表示笑一笑就算了事，指不重视。

不管别人说长道短，我总是一笑了之。

一死了之　表示用死来解决问题。

如果让她一切再重新开始，那她宁可一死了之。

一推了之　表示用推脱的办法解决问题。

领导往往借口“先天不足”，把责任一推了之。

一睡了之　表示用睡觉的办法解决问题。

从小到大一有难事，他就一睡了之。

【语汇】

一包了之　一拆了之　一丢了之　一堵了之　一放了之　一分了之
一封了之　一告了之　一关了之　一毁了之　一剪了之　一砍了之
一捆了之　一卖了之　一抹了之　一判了之　一跑了之　一赔了之
一弃了之　一晒了之　一拴了之　一睡了之　一撕了之　一死了之
一送了之　一逃了之　一跳了之　一涂了之　一推了之　一限了之
一削了之　一笑了之　一卸了之　一砸了之　一走了之

【填空练习】

一跑了之　一拆了之　一推了之　一扔了之

①　社区是基层工作单位，群众有困难找过来，不能找一些理由（　　　　）。

②　这么脏的衬衣，你怎么洗也洗不干净了，还不如（　　　　）。

③　工厂老板欠债太多了，赔不起钱，他也不想坐监狱，最后（　　　　）。

④　商品住房涉及广大人民群众的切身利益，处理“烂尾楼”不能（　　　　）。

【答案】

①一推了之　②一扔了之　③一跑了之　④一拆了之

一A千B

“一 A 千 B”表示通过数量较少的动作行为（A）达到数量较多的结果（B）。A、B 为单音节名词或动词。“一”代表极端小、少数，表达“轻微”义；“千”代表极端大、多数，表达“重大”义。“一”“千”不表示本身代表的具体数值。“一”“千”具有条件、承接关系。

【例释】

一诺千金　表示一个诺言有千金的价值；形容一个人很讲信用，说话算数。

大家都知道，他是一个一诺千金的人。

一日千里　原形容马跑得很快；后比喻进展极快。

在有效的管理下，公司业务的发展一日千里。

一落千丈　表示下降得很厉害，用来形容声誉、地位或经济状况急剧下降。

比赛输了，他的情绪一落千丈。

【语汇】

一发千钧　一饭千金　一顾千金　一毫千里　一壶千金　一话千金
一挥千金　一举千里　一刻千金　一溃千里　一了千明　一落千丈
一门千指　一诺千金　一日千里　一日千丈　一时千载　一瞬千里
一闻千悟　一夕千念　一息千里　一笑千金　一泻千里　一言千金

一朝千里　一纸千金　一字千金　一字千秋

【填空练习】

一日千里　一刻千金　一溃千里　一诺千金

① 这场战斗我们没做好准备，让军队打了败仗，（　　　　）。

② 他是个守信的人，（　　　　）。

③ 这艘船（　　　　），在江面上走得很快，大概是因为顺风。

④ 考试前的复习时间（　　　　），千万别浪费。

【答案】

① 一溃千里　② 一诺千金　③ 一日千里　④ 一刻千金

【辨析：一A百B和一A千B】

相同点：“一A百B”和“一A千B”都表示通过数量较少的动作行为（A）达到数量较多的结果（B）。A、B都可以是单音节名词或动词。

不同点：“一A百B”的A、B可以是同一个单音节形容词或动词，如“一糟百糟、一顺百顺、一了百了”等；“一A千B”的A、B不能是同一个词。“一A百B”的A、B可以是形容词，“一A千B”的A、B则不能。

一无 A

“一无 A”表示全量否定，表示完全没有，没有一点儿。“一无 A”表示完全没有某物或实施某一行为的条件或价值。A 为双音节名词或动词。

【例释】

一无忌惮 表示想做什么就做什么，没有一点顾忌。

这些长官们纵情享受，一无忌惮。

一无可知 表示什么都不知道。

对于出国之后的情况，他一无可知。

一无长物 表示除一身之外再没有多余的东西。原指生活俭朴，现形容贫穷。

房间里一无长物，仅有一张简陋书桌。

一无是处 表示全盘否定，指没有一点儿对的或好的地方。比喻一个人或物没有一点用处。

没有辉煌的过去，并不代表他就一无是处。

【语汇】

一无长物 一无忌惮 一无可成 一无可持 一无可等 一无可寄
一无可看 一无可恋 一无可期 一无可求 一无可取 一无可恃
一无可托 一无可为 一无可写 一无可知 一无可执 一无牵挂
一无是处

【填空练习】

一无可取　一无是处　一无可知　一无长物

① A：你对书里面的男主人公有何评价？

B：除了帅气外，他这个人（　　　　）。

② 我们不能把他写得（　　　　）。在我们学院发展的历史上，他还是有过贡献的。

③ 走进故居，室内（　　　　），连一张像样儿桌子也没有。

④ A：修复秀山堂的事情，进展如何？

B：对此事我（　　　　），我没有参与其中。

【答案】

①一无可取　②一无是处　③一无长物　④一无可知

一无所 A

“一无所 A”表示全量否定，表示没有或不具备动作对象。A 为单音节动词。

【例释】

一无所有　表示什么也没有。

他从国外回来后发现，家人没了，工作没了，他已经一无所有。

一无所获　表示什么也没有得到。

在那所学校学了一个月，我们却一无所获，太让人失望了。

一无所图　表示什么也不贪图。

他是真心帮助你的，一无所图。

【语汇】

一无所爱	一无所察	一无所长	一无所成	一无所出	一无所存
一无所措	一无所答	一无所得	一无所动	一无所睹	一无所犯
一无所改	一无所感	一无所憾	一无所获	一无所见	一无所觉
一无所就	一无所惧	一无所靠	一无所恋	一无所留	一无所纳
一无所能	一无所凭	一无所求	一无所取	一无所缺	一无所染
一无所扰	一无所伤	一无所剩	一无所失	一无所识	一无所示
一无所事	一无所视	一无所受	一无所属	一无所思	一无所损
一无所图	一无所为	一无所闻	一无所问	一无所悉	一无所系
一无所想	一无所需	一无所言	一无所依	一无所用	一无所有
一无所争	一无所知	一无所终			

【填空练习】

一无所有　一无所获　一无所知　一无所得

① 他从小山村来到大都市寻找梦想，除了年轻和热情真的是（　　　　）。

② 警察在这个地方搜查了半天，但（　　　　），没找到任何线索。

③ 昨天我到书店去找老师推荐的几本书，却（　　　　），店员说已经脱销了，要过几天才会有。

④ 如果你对历史（　　　　），那么你也就不可能很好地理解现实。

【答案】

① 一无所有　② 一无所获　③ 一无所得　④ 一无所知

【辨析：一无A和一无所A】

相同点：“一无A”和“一无所A”都表示全量否定。

不同点：“一无A”表示完全没有某物或实施某一行为的条件或价值，A为双音节名词或动词。“一无所A”表示全量否定，表示没有或不具备动作对象，A为单音节动词。

一A无B

“一A无B”的“无”是动词，表示“没有”。A为单音节动词或名词，B为名词。“一”表示“完全”，“一A无B”表示“完全没有某物”，是通过对极小量的否定表达全部否定。

【例释】

一望无垠　表示一眼望不到边；形容十分辽阔。

田野上麦苗返青，一望无垠，仿佛绿色的波浪。

一览无余　表示一眼望去就看得很清楚，毫无遗漏。

登临山顶看北京城，全景一览无余。

一夜无眠 表示一个晚上没有睡觉。

他们一夜无眠，第二天就整装出发了。

一技无成 表示什么本领都没有学到。

这么多年，我们一技无成。

【语汇】

一碧无际 一技无成 一览无遗 一览无余 一诺无辞 一扫无遗
一生无悔 一网无遗 一往无前 一望无边 一望无际 一望无涯
一望无垠 一宿无话 一夜无梦 一夜无眠

【填空练习】

一览无余 一事无成 一望无际 一往无前

① 一个人年轻时不努力，等到老了，他就会感到自己（ ）。

② 内蒙古大草原（ ），让人心情舒畅。

③ 从顶楼的窗户向外看，城市的夜景（ ）。

④ 革命家都有（ ）的勇气。

【答案】

① 一事无成 ② 一望无际 ③ 一览无余 ④ 一往无前

一 A 一 B

“一 A 一 B”有三种情况：

❶ 表示两方面的行动协调配合或两种动作交替进行。A、B 为

意义相对或相近的单音节动词。

【例释】

一趋一步　表示跟着人家走；比喻模仿或追随别人。

什么事情不要总跟着别人，一趋一步。

一买一卖　表示买卖两种行为。

小生意人一买一卖，也赚不了几个钱。

【语汇】

一唱一和　一得一失　一加一减　一进一出　一举一动　一开一闭
一开一插　一开一合　一来一往　一买一卖　一跑一跳　一起一落
一趋一步　一瘸一拐　一跳一蹦　一跳一滚　一问一答　一笑一颦
一张一弛　一走一过

❷ 表示对应或对比。A、B 为意义相反的名词或形容词。

【例释】

一前一后　表示一个在前面一个在后面。

姐妹俩一前一后，走进了教室。

一高一矮　表示一个高一个矮。**一胖一瘦**　表示一个胖一个瘦。

两个男子，一高一矮，一胖一瘦，穿着一样的衣服。

【语汇】

一长一短　一大一小　一东一西　一动一静　一方一圆　一刚一柔
一高一矮　一高一低　一黑一白　一厚一薄　一宽一窄　一老一少
一老一小　一老一幼　一里一外　一亮一暗　一明一暗　一男一女
一南一北　一内一外　一胖一瘦　一平一满　一前一后　一勤一俭
一勤一紧　一勤一懒　一上一下　一深一浅　一松一紧　一凸一凹
一新一旧　一远一近　一直一弯　一左一右

❸ 表示事物数量少或整个的事物。

【例释】

一草一木　一棵草、一株树；表示极微小或极平常的东西。

家乡的一草一木都使我感到亲切。

【语汇】

一板一眼　一草一木　一点一滴　一家一户　一鳞一爪　一马一鞍
一生一世　一心一意　一言一行　一朝一夕　一针一线　一砖一瓦

【填空练习】

一问一答　一起一落　一前一后　一南一北　一唱一和

① 两位相声演员（　　　　），配合得非常好。

② 他们两个人在会上（　　　　），完全是一个鼻孔出气。

③ 两年之中，他发财了，又破产了，（　　　　），使他对人生有了很多感悟。

④ 姐妹俩（　　　　）走进了院子。

⑤ 北京和上海这两座城市，（　　　　）带动着中国的经济发展。

【答案】

①一问一答　②一唱一和　③一起一落　④一前一后　⑤一南一北

一A再A

“一A再A”表示动作行为重复多次。A为单音节动词。

【例释】

一犯再犯 表示多次犯错误。

个别司机一犯再犯，不遵守交通规则。

一变再变 表示多次变化。

最近学校的通知一变再变，家长们有些不满。

一延再延 表示拖延了很久。

贫困生资助项目的资金还没到位，而且一延再延。

一防再防 表示多次防备。

我们一防再防，文物还是被盗走了。

【语汇】

一败再败	一绑再绑	一变再变	一查再查	一错再错	一等再等
一读再读	一犯再犯	一防再防	一改再改	一挤再挤	一减再减
一降再降	一紧再紧	一看再看	一买再买	一清再清	一请再请
一劝再劝	一忍再忍	一升再升	一试再试	一提再提	一涂再涂
一推再推	一退再退	一拖再拖	一误再误	一修再修	一压再压
一延再延	一增再增	一涨再涨	一转再转		

【填空练习】

一变再变　一涨再涨　一忍再忍　一退再退　一拖再拖

① 运动会时间还没有确定下来，从开学到现在，(　　　　)。

② 丈夫经常喝酒闹事，妻子(　　　　)，不愿意离婚。

③ 在处理这个问题的过程中，老王(　　　　)，没有坚持自己的原则。

④ 手机费用(　　　　)，我受不了了。

⑤ 他们两个谈恋爱已经5年了，结婚的事情(　　　　)。

【答案】

①一变再变 ②一忍再忍 ③一退再退 ④一涨再涨 ⑤一拖再拖

A衣B食

“A 衣 B 食”表示在衣食方面采取某种行为或衣食具有的某种性状。A、B 为单音节动词或形容词。

【例释】

节衣省食 表示省吃省穿；形容节俭。

父母节衣省食，培养两个儿子。

丰衣足食 表示穿的吃的都很丰富、充足；形容生活富裕。

老百姓经过数十年的辛勤努力，才过上现在丰衣足食的日子。

解衣推食 把自己的衣服脱下给别人，把自己的食物让别人吃；形容对人热情关怀。

当地人对我们解衣推食，让我们感觉到无比温暖。

【语汇】

敝衣薄食 敝衣恶食 弊衣箪食 弊衣疏食 布衣蔬食 蚕衣耕食
草衣木食 赐衣续食 粗衣简食 恶衣薄食 恶衣恶食 丰衣美食
丰衣足食 褐衣疏食 节衣省食 节衣缩食 解衣推食 紧衣缩食
锦衣玉食 暖衣饱食 缺衣少食 缺衣无食 省衣缩食 送衣供食
有衣无食 足衣足食

【填空练习】

缺衣少食　解衣推食　丰衣足食　布衣蔬食

① 老军长一生打过无数次仗，立过无数次功，退休后却甘愿回到老家过（　　　　）的生活。

② 今年是大灾年，这一带人（　　　　），都快活不下去了。

③ 在这个地方，一些人过着（　　　　）的生活，而另一些人却吃不饱。

④ 王先生虽然不富裕，却经常（　　　　），帮助那些更需要帮助的人。

【答案】

① 布衣蔬食　② 缺衣少食　③ 丰衣足食　④ 解衣推食

以A代B

“以A代B”表示用某物/行为（A）代替另一物/行为（B）。A、B为单音节名词、动词或形容词。

【例释】

以情代法　表示用感情代替法律。

一些官员，自己的儿女或亲戚违反了法律，就用自己的权力去说情，使他们免去处罚。这就是以情代法。

以罚代管　表示通过惩罚的方式，使得对方受到教育，以达到管理的目的。

一些政府部门以罚代管，这是不负责任的做法。

【语汇】

以补代罚	以步代车	以草代粮	以茶代酒	以车代步	以大代小
以刀代笔	以电代柴	以耳代目	以罚代法	以罚代管	以罚代纪
以罚代教	以罚代刑	以钢代木	以工代赈	以攻代守	以计代战
以假代真	以旧代新	以马代步	以煤代柴	以煤代油	以木代铁
以气代油	以桥代路	以情代法	以权代法	以水代酒	以税代利
以笑代答	以指代剑	以租代购	以租代售	以租代征	

【填空练习】

以车代步　以茶代酒　以工代罚　以旧代新

①　长期（　　　　）的人，由于开车多，缺乏运动和锻炼，容易得颈肩疾病。

②　如果确实滴酒不沾，需要（　　　　），也要先给领导换成茶水。

③　这样吧，你们替我们干活作为赔偿，（　　　　）。

④　这家蛋糕店承诺现场制作蛋糕，送到家里以后我才发现，他们（　　　　）了。

【答案】

①以车代步　②以茶代酒　③以工代罚　④以旧代新

以A为B

“以A为B”表示将某物（A）看作或当作另一物（B）。“以”是介词，A、B大多为单音节名词、形容词或动词。

【例释】

以人为本　表示在万物中把人看作最重要的。

重视“以人为本”思想是医学人文最朴素、最基本的理念。

以史为鉴　表示把历史上的成败得失作为借鉴。

共产党团结带领全国各族人民以史为鉴、开创未来。

以退为进　表示以退让的姿态作为进取的手段。

为了有力地打击敌人，我们常常采取以退为进、灵活多变的战略方针。

以公司为家　表示把公司当成家。

这几个年轻人以公司为家，全身心投入科研工作。

【语汇】

以茶为友　以耳为目　以法为教　以歌为媒　以古为鉴　以古为镜
以花为伴　以花为媒　以花为名　以花为友　以毁为罚　以进为退
以酒为媒　以绢为媒　以兰为友　以邻为壑　以鹿为马　以鹿为友
以梅为友　以胖为美　以亲为解　以人为本　以人为鉴　以人为镜
以仁为本　以日为年　以诗为媒　以史为鉴　以史为镜　以守为攻
以瘦为美　以书为媒　以书为御　以丝为媒　以送为辅　以陶为媒

以文为诗　以校为家　以校为荣　以信为媒　以燕为媒　以誉为赏
以院为家　以月为媒　以云为媒　以纸为媒　以竹为伴　以竹为友
以紫为朱　以租为辅

以单位为家　以公司为家　以学生为本　以学生为中心

【改写练习】选择“以 A 为 B”格式，改写句子中画线部分

以信为媒　以租为辅　以梅为友　以公司为家　以史为鉴

① 他们通信多年，最终走进了婚姻殿堂。

② 他的房前屋后种满了各种花草，他把梅花当朋友。

③ 他节假日都在公司，把公司当成了家。

④ 大家一定要把历史当成镜子，树立正确的人生观、世界观。

⑤ 对于本案的商铺可以采用以卖为主，租赁作为辅助。当市场旺销时全力销售，而市场反应冷清时则可采用租赁为主。

【答案】

① 以信为媒　② 以梅为友　③ 以公司为家　④ 以史为鉴　⑤ 以租为辅

亦 A 亦 B

A、B 为语义相近或相关的单音节形容词或名词时，“亦 A 亦 B”表示具有 A、B 两种身份、状态。A、B 为意义相对的单音节动词时，“亦A亦B”表示两方面的动作协调配合或者交替进行。“亦”是副词，表示类同或相似的关系，相当于“也”“也是”。

【例释】

亦师亦友 表示既是老师也是朋友。

年轻的班主任与我们亦师亦友，在教我们知识的同时，也是我们生活中的朋友。

亦张亦弛 表示宽严相结合；比喻生活的松紧和工作的劳逸要合理安排。

亦张亦弛的生活节奏，有助于身心健康。

亦情亦理 表示既有情感也有道理。

这是一篇亦情亦理的议论性散文。

亦文亦武 表示能文能武。

李少春先生在中国京剧史上是一面不朽的旗帜，他亦文亦武，享誉世界。

【语汇】

亦悲亦喜　亦兵亦民　亦步亦趋　亦嗔亦笑　亦盗亦侠　亦敌亦友
亦动亦静　亦毒亦药　亦父亦兄　亦盖亦彰　亦刚亦柔　亦歌亦舞
亦耕亦读　亦贾亦儒　亦官亦民　亦好亦坏　亦黑亦白　亦花亦果
亦将亦兵　亦惊亦喜　亦酒亦茶　亦军亦匪　亦狂亦侠　亦美亦丑
亦农亦医　亦亲亦友　亦人亦鬼　亦人亦仙　亦神亦祖　亦师亦友
亦实亦虚　亦食亦药　亦收亦种　亦蔬亦茶　亦思亦教　亦塔亦殿
亦文亦画　亦喜亦哀　亦喜亦忧　亦仙亦鬼　亦学亦玩　亦学亦游
亦雅亦俗　亦张亦弛　亦真亦幻　亦真亦假　亦正亦邪　亦主亦宾
亦庄亦谐

【填空练习】

亦步亦趋　亦真亦幻　亦刚亦柔　亦静亦动　亦真亦假

① 他只跟在别人后面（　　　　），缺少自己的主见。

② 根据《红楼梦》改编的4D电影，在（　　　　）中让人走进红楼世界。

③ 当你们行走在这座城市，就能感受到悠然自得的节奏，以及她（　　　　）的美。

④ 通过主人公的梦境回忆和现实的交错呈现，观众享受着（　　　　）的感觉。

⑤ 这位巾帼女将，有着（　　　　）的性格。

【答案】

①亦步亦趋 ②亦真亦幻 ③亦静亦动 ④亦真亦假 ⑤亦刚亦柔

【辨析：亦A亦B和或A或B】

相同点：“或A或B”“亦A亦B”都是并列关系，都可以表示具有A、B两种身份、状态。

不同点：从词性看，“亦A亦B”的“亦”是副词；“或A或B”的“或”可以是副词，也可以是代词。

“或A或B”常表示两种关系的选择或列举；“亦”表示“也”“也是”，“亦A亦B”四字格式表示两种情况同时发生或共存。

由 A 而 B

“由 A 而 B”表示动作行为在某一个起点或源点开始发生，也表示从某一状态到另外一种状态。“由”是介词，A 是起点或源点，B 表行为或状态。A 为单音节代词或名词，B 为单音节形容词或动词。

【例释】

由内而外 表示从内部到外部，也表示从表面现象看到本质。

老房子装修之后，由内而外，焕然一新。

由此而生 表示在这里产生。

男生和女生就这样相遇，确认过眼神，遇见对的人。爱情由此而生。

由易而难 表示从容易到难的状态变化。

学习啊，就是要由易而难，哄着大脑前进，这样才能事半功倍。

由我而起 表示由我引起。

如果这一切麻烦都是由我而起，那么就由我解决吧。

【语汇】

由爱而生　由此而成　由此而出　由此而达　由此而得　由此而发
由此而改　由此而感　由此而获　由此而加　由此而减　由此而见
由此而建　由此而来　由此而论　由此而起　由此而生　由此而提
由此而推　由此而引　由此而知　由此而致　由大而强　由大而小

由多而少　由高而低　由急而缓　由简而繁　由静而动　由口而入
由快而慢　由里而外　由南而北　由内而发　由内而生　由内而外
由浅而深　由强而弱　由轻而重　由上而下　由盛而衰　由是而生
由他而起　由她而起　由天而降　由我而起　由心而发　由心而生
由易而难　由远而近　由之而来

由怯弱而勇敢　由稚嫩而成熟

【填空练习】

由内而发　由慢而快　由轻而重　由天而降　由北而南

①　儿童经络按摩时，力量要（　　　），频率（　　　）。对初次接受治疗者需随时询问其感觉，观察其反应。

②　每周读一本书，知性美自然（　　　）。

③　未来一周内，我国（　　　）有一次强降雨过程。

④　机会是要靠人去找的，不可能（　　　）。

【答案】

①由轻而重/由慢而快　②由内而发　③由北而南　④由天而降

有A必B

“有A必B”是假设关系的紧缩格式，表示A只要存在，就一定有B行为发生。A为单音节名词，B为单音节动词。

【例释】

有令必行　表示命令去做的事就一定去执行。

有禁必止　表示禁止做的事就一定会停止。

政府部门一定要做到，有令必行，有禁必止。

有求必应　表示只要有人请求帮助，就一定答应。

110 报警台本着为人民服务的宗旨，做到老百姓有求必应。

有问必答　表示有什么问题都给予解答。

他是有一肚子知识之人，有问必答。

【语汇】

有案必立　有报必查　有仇必报　有错必改　有错必纠　有错必究
有恩必报　有恩必还　有访必接　有功必奖　有功必赏　有过必改
有呼必应　有假必查　有假必惩　有假必打　有假必罚　有假必举
有借必还　有禁必止　有警必接　有令必行　有难必帮　有难必救
有诺必践　有求必应　有事必办　有闻必录　有问必答　有险必救
有险必抢　有信必回　有怨必报　有灾必救　有责必究　有章必循
有章必依　有罪必罚

【填空练习】

有警必接　有令必行　有过必罚　有错必纠

① 军人是以服从命令为天职的，必要养成（　　　　）的作风。

② 报警电话必须 24 小时有人接听，做到（　　　　）。

③（　　　　）是回归公平正义的第一步。彻底反思错误与不足，才可能避免不幸重演。

④ 企业中有功必赏，（　　　　），才能建立起企业威信，迎来更好的发展。

【答案】

① 有令必行 ② 有警必接 ③ 有错必纠 ④ 有过必罚

有A可B

"有A可B"表示具有某物而可以或值得采取某一种行为。A为单音节名词，B为单音节动词。

【例释】

有利可图 表示有利益可谋求。

大家见种果树有利可图，纷纷把耕地改种桃树、枣树等。

有据可查 表示有依据可以查到。

这是明代天官的墓，是有据可查的。

有情可原 表示事情虽有不恰当之处，但从情理上说，有可以原谅的地方。

你之所以不去拼搏，每日饮酒，也是有情可原的。

【语汇】

有案可查	有案可稽	有法可循	有饭可吃	有房可住	有规可循
有话可说	有机可趁	有机可乘	有迹可寻	有迹可循	有家可归
有家可回	有架可打	有奖可得	有据可查	有据可考	有据可依
有利可得	有利可图	有例可援	有路可通	有路可退	有路可走
有钱可赚	有情可原	有史可查	有史可稽	有史可考	有事可干
有事可做	有书可读	有戏可看	有隙可乘	有隙可钻	有序可控

有药可救　有章可依　有账可查

【填空练习】

有据可查　有话可说　有情可原　有家可归

① 张老师今天迟到，是（　　　　）的，因为校车发生了交通事故。

② 人这一辈子很简单，（　　　　）就是幸福。家人安好，一切都好！

③ 考生们普遍感到此次的大作文题很不错，让他们（　　　　）。

④ 小张有过多次偷窃行为，光（　　　　）的就有 4 次。

【答案】

① 有情可原　② 有家可归　③ 有话可说　④ 有据可查

有所 A

“有所 A”表示某种动作或状态（A）存在，且具有一定的程度。A 为双音节动词。

【例释】

有所减轻　表示减轻了一些。

吃了药以后，他们的病痛有所减轻。

有所降低　表示降低了一些。

这个班级的管理者对孩子们的要求有所降低。

有所改善　表示改善了一些。

公司的工作环境有所改善。

有所缓和　表示缓和了一些。

经过双方的努力，两国关系有所缓和。

【语汇】

有所帮助　有所保留　有所裨益　有所变化　有所表示　有所表现
有所不知　有所侧重　有所差别　有所差异　有所成就　有所创新
有所创造　有所动作　有所耳闻　有所发明　有所发现　有所发展
有所反应　有所反映　有所放大　有所改变　有所改观　有所改进
有所改善　有所感触　有所贡献　有所顾忌　有所好转　有所怀疑
有所缓和　有所缓解　有所恢复　有所回落　有所回升　有所加快
有所加强　有所减缓　有所减轻　有所减弱　有所减少　有所建树
有所降低　有所进步　有所进展　有所控制　有所扩大　有所了解
有所领悟　有所期待　有所启发　有所前进　有所欠缺　有所区别
有所认识　有所上升　有所收获　有所收敛　有所松动　有所缩小
有所提高　有所提升　有所体现　有所调整　有所突破　有所下降
有所限制　有所行动　有所选择　有所依恋　有所疑虑　有所影响
有所增加　有所增强　有所增长　有所准备　有所作为

【填空练习】

有所保留　有所下降　有所了解　有所改善

①　由于采取一系列的有效措施，空气污染指数（　　　　）。

②　经过医院的精心治疗，老王身体的各种症状（　　　　），可以回家休养了。

③　我觉得他刚才在谈看法的时候是（　　　　）的，并没有把所有的想法都说出来。

④　我对学科的基本概念（　　　　）。

【答案】

①有所下降　②有所改善　③有所保留　④有所了解

有 A 无 B

“有 A”和“无 B”构成并列动宾格式。“有 A 无 B”表示具有一种事物或行为，不具有另一种事物或行为。A、B 为名词或动词。

【例释】

有增无减 表示事物的量或程度只增长而不减少。

在家休息了几天了，她感觉自己的病症有增无减。

有来无回 表示只要来了，就回不去；指彻底被消灭。

敌人如果敢冒犯我们的国家，我们让他们有来无回。

有口无心 表示嘴上说了，心里没有那么想。

你千万别生气，她有口无心，不是故意揭你的短。

有眼无珠 用于责骂别人瞎了眼；比喻没有识别事物的能力。

这么好的姑娘找这样一个男人，真是有眼无珠。

【语汇】

有备无患 有弊无利 有才无德 有才无命 有害无利 有己无人
有加无已 有价无市 有教无类 有借无还 有进无退 有惊无险
有口无心 有口无行 有来无回 有理无钱 有名无实 有年无月
有气无力 有气无烟 有去无回 有声无气 有声无实 有胜无败
有始无终 有恃无恐 有损无益 有天无日 有头无尾 有文无行
有我无人 有心无力 有眼无珠 有勇无谋 有增无减 有增无损
有增无已 有征无战 有嘴无心

【填空练习】

有增无减　有头无尾　有才无德　有去无回

① 她已经减肥1个月了，但是没有什么效果，体重(　　　　)。

② 你千万不要借钱给他，他这人没有诚信，你借给他的钱可能(　　　　)。

③ 做事情一定要善始善终，不能(　　　　)。

④ 他这人很聪明，但是(　　　　)。

【答案】

① 有增无减　② 有去无回　③ 有头无尾　④ 有才无德

有A有B

“有A有B”表示两方面兼而有之，即A、B两者都有。A、B多为单音节名词，也可以是动词。

【例释】

有板有眼　表示戏曲唱腔合乎节拍；也形容人说话、办事条理清楚。

他虽然不是专业演员，但是唱起戏来，有板有眼，举手投足都很有味儿。

有利有弊　表示有好处也有坏处。

这件事情对于我们公司有利有弊。

有凭有据 表示既有凭证，又有依据。

你说话要有凭有据，不要胡言乱语。

有头有尾 表示有开头有结尾；指做事认真，坚持到底。

不能中途放弃，做事情要有头有尾。

【语汇】

有板有眼 有本有原 有本有源 有财有势 有胆有识 有根有底
有根有苗 有聚有散 有来有往 有礼有节 有理有度 有理有据
有利有弊 有眉有眼 有凭有据 有前有后 有钱有势 有赏有罚
有声有色 有始有终 有说有笑 有条有理 有头有脸 有头有脑
有头有尾 有心有意 有血有肉 有勇有谋 有枝有叶 有滋有味

【填空练习】

有滋有味 有财有势 有勇有谋 有条有理

① 退休以后，他的日子过得（ ）。

② 他对这件事情的分析（ ），大家都很佩服。

③ 他的家族（ ），在当地影响力很大。

④ 他也是一个（ ）的将军，一直获得士兵们的尊重。

【答案】

① 有滋有味 ② 有条有理 ③ 有财有势 ④ 有勇有谋

又A又B

“又 A 又 B”表示具有两种性质或动作行为。A、B 多为单音节形容词或动词，也可以是双音节形容词。

【例释】

又哭又笑　表示一边哭一边笑。

他这又哭又笑的，是怎么回事？

又唱又跳　表示又唱歌又跳舞；形容开心的样子。

孩子们又唱又跳，庆祝六一儿童节。

又气又恨　表示又愤怒又怨恨。

对这个不争气的儿子，他又气又恨。

又白又胖　表示很白很胖。

小孩子长得又白又胖的。

又漂亮又大方　表示很漂亮很大方。

她又漂亮又大方，谁不喜欢呢？

【语汇】

又矮又胖	又白又嫩	又白又胖	又长又细	又唱又跳	又打又骂
又大又红	又大又亮	又大又圆	又大又重	又多又好	又高又大
又高又壮	又黑又瘦	又红又专	又惊又喜	又哭又闹	又哭又笑
又苦又涩	又苦又咸	又宽又大	又拉又吐	又亮又滑	又气又恨
又说又笑	又松又软	又甜又香	又细又长	又细又窄	又香又脆

又香又甜　又小又瘦

又干净又整齐　又漂亮又大方　又热情又大方　又认真又扎实　又深厚又扎实

【填空练习】

又高又壮　又苦又酸　又打又骂　又快又好

① 他做事速度快，而且质量高，这样做事（　　　　），当然深受用户的欢迎。

② 如果早起嘴里（　　　　），首先要考虑是否得了胃炎、胃溃疡或胆道疾病。

③ 小伙子长得（　　　　），非常帅气。

④ 几个黑衣男子围住执法人员（　　　　）。

【答案】

① 又快又好　② 又苦又酸　③ 又高又壮　④ 又打又骂

愈A愈B

"愈A愈B"表示A和B条件与结果的倚变关系：B的结果随着A的变化而变化。A、B为单音节动词或形容词。

【例释】

愈演愈烈　表示（事情、情况）变得越来越严重。

这场运动愈演愈烈，对几个国家造成了很大影响。

愈拉愈大 表示差距越来越大。

他们一个读大学、读研究生，一个在农村种地，差距愈拉愈大。

愈结愈深 表示越来越深。

几十年下来，他们两家的仇恨愈结愈深。

【语汇】

愈绷愈紧　愈逼愈近　愈辩愈明　愈缠愈紧　愈出愈奇　愈垂愈低
愈蹩愈紧　愈挫愈奋　愈挫愈勇　愈瞪愈大　愈短愈好　愈放愈大
愈飞愈远　愈高愈好　愈积愈多　愈积愈厚　愈积愈深　愈结愈深
愈聚愈多　愈看愈喜　愈看愈像　愈靠愈近　愈哭愈伤　愈哭愈凶
愈快愈好　愈扩愈大　愈拉愈大　愈来愈少　愈流愈多　愈闹愈大
愈跑愈快　愈飘愈远　愈燃愈烈　愈烧愈旺　愈少愈好　愈说愈气
愈说愈玄　愈缩愈小　愈跳愈快　愈想愈开　愈想愈恼　愈想愈怕
愈想愈伤　愈行愈缓　愈演愈烈　愈远愈好　愈早愈好　愈战愈勇
愈张愈大　愈睁愈大　愈转愈快　愈追愈近　愈走愈急　愈走愈快
愈走愈宽　愈走愈慢　愈走愈深

【填空练习】

愈哭愈凶　愈辩愈明　愈拉愈大　愈战愈勇

① 道理（　　　），你可以摆事实讲道理。

② 入学后，他们两个人的汉语水平（　　　）。

③ 孩子哭的时候，可以冷处理，否则孩子可能（　　　）。

④ 战斗开始了，战士们（　　　），最后取得了重大胜利。

【答案】

① 愈辩愈明　② 愈拉愈大　③ 愈哭愈凶　④ 愈战愈勇

越 A 越 B

“越 A 越 B”表示 A 和 B 条件与结果的倚变关系：B 的结果随着 A 的变化而变化。A、B 为单音节动词或形容词。

【例释】

越挫越勇　表示越遇挫折，斗志越强。

战士们越挫越勇，最终攻下了敌人的碉堡。

越辩越明　表示强调是非曲直，越辩论就越清楚。

道理越辩越明，咱让他们各自阐述自己的理由。

越描越黑　表示想掩盖坏事的真相，结果反而更明显地暴露出来。

那件事越描越黑，你还是别解释了。

【语汇】

越爱越深	越逼越近	越变越坏	越辩越明	越缠越紧	越挫越勇
越打越好	越短越好	越多越好	越高越好	越搞越大	越贵越好
越滚越大	越过越好	越积越多	越积越厚	越建越多	越近越好
越看越爱	越看越好	越看越气	越看越帅	越看越喜	越看越像
越靠越近	越咳越瘦	越快越好	越拉越大	越辣越好	越来越黑
越凉越好	越迈越大	越描越黑	越闹越大	越飘越远	越穷越困
越烧越旺	越少越好	越睡越困	越睡越晚	越说越气	越说越小
越细越好	越陷越深	越想越怕	越小越好	越新越好	越演越烈
越远越好	越早越好	越战越强	越战越勇	越长越丑	越长越大
越长越高	越长越美	越长越帅	越长越像	越睁越大	越转越快

越走越快　越走越宽　越走越慢　越走越深　越坐越冷　越做越大

【填空练习】

越建越多　越闹越大　越辩越明　越积越多

① 家里的灰尘（　　　　），需要好好打扫一下。

② 城市的楼房（　　　　），房价还在不停地上涨。

③ 让他们争论一下没有什么不好的，道理（　　　　）。

④ 没想到事情（　　　　），最后无法收场。

【答案】

① 越积越多　② 越建越多　③ 越辩越明　④ 越闹越大

【辨析：愈A愈B和越A越B】

相同点："愈 A 愈 B"和"越 A 越 B"都表示 A 和 B 条件与结果的倚变关系：B 的结果随着 A 的变化而变化。A、B 为单音节动词或形容词。

不同点："愈 A 愈 B"书面语色彩重。"越 A 越 B"可以用于书面语，也可用于口语。

云 A 雾 B

“云 A 雾 B”表示云雾所处的状态。A、B 为单音节动词。

【例释】

云消雾散 表示像烟云消散一样；比喻事情、心情等由隐晦不好转为明朗、通畅。

太阳升起来了，山里云消雾散。

云开雾散 表示像烟云消散一样；比喻事物消失得干干净净。

凡事想开些，看开些，烦心事自然会云开雾散，生活自然会无限美好。

云缭雾绕 表示云雾在周围环绕；比喻事物上有遮蔽的东西，让人看不清本质。

秋后的大山云缭雾绕，好像仙境一般。

【语汇】

云变雾幻 云布雾散 云惨雾淡 云彻雾卷 云窗雾阁 云窗雾槛
云飞雾涌 云封雾绕 云封雾锁 云合雾集 云环雾绕 云鬟雾鬓
云驾雾冲 云驾雾起 云开雾散 云开雾释 云来雾去 云来雾往
云缭雾绕 云弥雾漫 云迷雾锁 云迷雾罩 云飘雾散 云山雾海
云山雾水 云山雾嶂 云山雾罩 云苫雾罩 云收雾散 云腾雾翻
云腾雾绕 云腾雾罩 云天雾地 云天雾海 云屯雾散 云消雾散
云烟雾霭 云遮雾挡 云遮雾盖 云遮雾绕 云遮雾锁 云遮雾掩
云遮雾罩 云蒸雾集 云蒸雾绕 云蒸雾腾 云蒸雾涌 云蒸雾罩

【填空练习】

云开雾散　云遮雾罩　云蒸雾绕

① 趵突泉水面升起一层又一层的雾气，(　　　　　)，宛如仙境。

② 雨停后是(　　　　　)，重见青天。

③ (　　　　　)的庐山，真令人流连忘返。

【答案】

① 云蒸雾绕　② 云开雾散　③ 云遮雾罩

Z

照 A 不误

“照 A 不误”表示虽然条件、情况、规定有变化，但还是照样做某事（A），没有改变，表达“出乎意料”的意味。A 多为单音节动词。

【例释】

照喝不误 表示继续喝，没有因为某种原因停止喝（酒、饮料、水等）。

不管你怎么抱怨，他还是照喝不误。

照吃不误 表示继续吃，没有因为某种原因停止吃。

遇到这么多不开心的事情，我们还是照吃不误。

照售不误 表示继续出售，没有因为某种原因停止。

有一些超市没有安全意识，食物过期了还照售不误。

【语汇】

照安不误 照摆不误 照吵不误 照吃不误 照抽不误 照穿不误
照打不误 照读不误 照罚不误 照改不误 照挂不误 照关不误
照喝不误 照剪不误 照讲不误 照降不误 照教不误 照开不误
照砍不误 照看不误 照考不误 照来不误 照拦不误 照卖不误
照拍不误 照赔不误 照扔不误 照收不误 照售不误 照睡不误
照说不误 照送不误 照推不误 照写不误 照演不误 照涨不误
照抓不误

【填空练习】

照收不误　照睡不误　照罚不误　照喝不误

① 一家人都劝他不要喝酒，可他依然（　　　　）。

② 我真佩服你，外面这么吵闹，你依然（　　　　）。

③ 政府部门出台了学校收费管理文件，但有的学校的高昂学费（　　　　）。

④ 我跟警察说了好多好话，最后警察说，违章停车，（　　　　）。

【答案】

① 照喝不误　② 照睡不误　③ 照收不误　④ 照罚不误

自 A 自 B

“自 A 自 B”表达 A、B 两种行为均由自己发出。A 和 B 两个动作行为具有承接关系，两个动作语义相近或相反。A、B 为单音节动词。

【例释】

自纺自织　表示自己纺线自己织布。

古代中国的经济性质是小农经济，衣服大多是妇女在家里自纺自织。

自产自销　表示自己生产自己销售。

这些农作物自产自销，他们得到的经济效益并不高。

自生自灭 表示自然地发生、生长，又自然地消亡；指任其自然发展，不加过问。

老师应该给学生以热情的指导和关怀，帮助他们成长起来，不应该让他们自生自灭。

自言自语 表示自己对自己说话。

“什么都依靠政府吗？不行。”他经常这样自言自语。

自买自卖 表示自己购买自己出售。

有的商家，通过自买自卖刷单打造商品的热度，诱导消费者。

【语汇】

自暴自弃	自编自唱	自采自卖	自查自改	自产自销	自吹自擂
自吹自捧	自得自业	自得自愿	自给自足	自检自查	自觉自愿
自救自护	自立自强	自立自主	自律自强	自卖自夸	自弃自暴
自强自信	自轻自贱	自说自话	自省自律	自言自语	自艾自怜
自由自在	自娱自乐	自怨自艾	自宰自售	自斟自饮	自知自明
自足自乐	自尊自爱	自尊自大	自尊自信	自作自受	自做自当

【填空练习】

自言自语　自私自利　自暴自弃　自吹自擂

① 在这些小事上，小明表现得太（　　　　），没有考虑到父母的感受。

② 我又听到女儿（　　　　），“到底怎么样才能让爸爸开心些呢？”

③ 他投资失败以后开始（　　　　），每天饮酒打架。

④ 小明总喜欢在班里（　　　　），导致同学们对他有一点厌恶了。

【答案】

① 自私自利　② 自言自语　③ 自暴自弃　④ 自吹自擂

自我A

“自我 A”表示行为人针对自己的情感认知等采取某一种动作行为。A 为双音节动词。

【例释】

自我批评 表示检讨自己的思想行为和错误，以期达到改正的目的。

那天俩人吵嘴后，各自都做了自我批评，如今和好了。

自我管理 表示自己对自己进行管理。

这个训练营重在培养学生的自我管理能力。

自我约束 表示自己有意识地控制自己。

意志力是幸福的源泉，幸福来源于自我约束。

自我防护 表示自己保护自己，防止（某事发生）。

最近一段时间传染病在流行，希望大家加强自我防护。

【语汇】

自我安慰 自我保护 自我表现 自我查找 自我成长 自我吹捧
自我吹嘘 自我反省 自我防护 自我服务 自我感动 自我隔离
自我构建 自我管理 自我毁灭 自我积累 自我监督 自我监控
自我鉴定 自我教育 自我解嘲 自我介绍 自我纠错 自我纠正
自我控制 自我扩建 自我批评 自我评价 自我剖析 自我陶醉
自我调控 自我完善 自我消解 自我欣赏 自我压抑 自我压制
自我约束

【填空练习】

自我管理　自我约束　自我防护　自我吹捧

① 他善于（　　　　），他的自律性连老师也忍不住赞扬。

② 疫情期间，如果发现疑似患者要有（　　　　）的意识。

③ 那两个小伙子喜欢（　　　　），好像那些名人，没有他不认识的。

④ 大学生要学会自律，在学习上（　　　　）才能取得好成绩。

【答案】

①自我管理 ②自我防护 ③自我吹捧 ④自我约束

A嘴B舌

“A嘴B舌”表示说话的情态，多带有贬义色彩。A、B为意义相近的动词或形容词。

【例释】

多嘴长舌　表示不该说而说，多管闲事。

人家的家务事，你一个外人不要多嘴长舌的。

油嘴滑舌　说话油滑，只耍嘴皮子。

我不喜欢油嘴滑舌的男生，踏实肯干的才好。

搬嘴弄舌　形容挑拨是非或卖弄口才。

你们念书人就喜欢背地里搬嘴弄舌，明面上却不敢提出自己的想法和意见。

【语汇】

搬嘴弄舌　笨嘴笨舌　笨嘴拙舌　粗嘴笨舌　掉嘴弄舌　钉嘴铁舌
多嘴多舌　乖嘴蜜舌　花嘴花舌　花嘴利舌　花嘴骗舌　尖嘴薄舌
尖嘴利舌　贫嘴薄舌　贫嘴恶舌　贫嘴滑舌　贫嘴贱舌　七嘴八舌
巧嘴簧舌　轻嘴薄舌　软嘴塌舌　使嘴使舌　碎嘴碎舌　贪嘴薄舌
甜嘴蜜舌　咸嘴淡舌　虚嘴掠舌　摇嘴掉舌　摇嘴鼓舌　油嘴滑舌
油嘴弄舌　油嘴油舌　咂嘴咂舌　张嘴挢舌　张嘴结舌

【填空练习】

笨嘴拙舌　多嘴多舌　贫嘴贱舌　巧嘴簧舌

① （　　　　）的他以谎言骗取了上司的信任。

② 我这个人（　　　　）的，怎能参加辩论赛呢？

③ 黛玉道："什么诙谐！不过是（　　　　）的讨人厌罢了。"

④ 旁人的事不要（　　　　）。

【答案】

① 巧嘴簧舌　② 笨嘴拙舌　③ 贫嘴贱舌　④ 多嘴多舌

A这B那

"A这B那"表示某一动作行为多次发生，涉及多个对象。"这"和"那"用来代替动作的多个对象，A、B为相同的或语义相近的单音节动词。

【例释】

问这问那 表示打听很多事情或情况。

刚下课，同学们就簇拥着老师问这问那。

想这想那 表示思考很多。

你要决定出国了就出国，不要想这想那的。

买这买那 表示买很多东西。

老人家总是给孩子买这买那的。

偷这偷那 表示偷盗很多东西。

见过偷这偷那的，还头次见偷路的，这也是个人才啊。

【语汇】

安这安那	摆这摆那	搬这搬那	擦这擦那	吵这吵那	催这催那
烦这烦那	改这改那	刮这刮那	刮这抹那	管这管那	夸这夸那
骂这骂那	买这买那	忙这忙那	拿这拿那	怕这怕那	抢这抢那
敲这敲那	取这取那	劝这劝那	摔这摔那	说这说那	思这想那
偷这偷那	问这问那	嫌这嫌那	想这想那	写这写那	寻这找那
要这要那	运这运那	找这找那	争这要那	争这争那	做这做那

【填空练习】

问这问那　怕这怕那　买这买那　管这管那

① 一回老家，亲戚们总围着我（　　　　）的，工作、婚姻、工资、朋友，什么都想知道。

② 到了姥姥家，他总是要（　　　　），姥姥有求必应。

③ 做事不能有那么多的顾虑，总是（　　　　），什么事情也不要做了。

④ 我都是大人了，妈妈还是（　　　　），我真有点受不了。

【答案】

① 问这问那　② 买这买那　③ 怕这怕那　④ 管这管那

左 A 右 B

“左 A 右 B” 强调同类行为或者情况反复出现。A、B 为单音节动词或名词。

【例释】

左邻右里　泛指邻居。

左邻右里都知道他们两口子关系不好。

左顾右盼　表示左看看，右看看；形容洋洋自得的样子或迟疑不决的神态。

会场上，他左顾右盼，坐立不安。

左挑右选　表示反复挑选。

他们两个人左挑右选，最终选中一个真丝花边的婚纱。

【语汇】

左膀右臂	左冲右突	左冲右撞	左穿右插	左等右等	左睇右盼
左躲右闪	左肝右肺	左顾右盼	左顾右视	左看右看	左看右瞧
左来右去	左邻右里	左邻右舍	左劝右劝	左闪右避	左史右经
左说右说	左思右想	左挑右选	左图右史	左图右书	左行右立
左旋右转	左摇右摆	左摇右晃	左拥右抱	左支右调	左支右捂

【填空练习】

左躲右闪　左思右想　左看右看　左邻右里　左挑右选

① 我（　　　　），最后决定不去了。

② 对手出手了，我（　　　　），但是没有还击。

③ 在商店里，夫妻俩（　　　　），最后买了一些布料。

④ 小王家娶亲，（　　　　）都来帮忙。

⑤ 过马路时要（　　　　），确认没有车辆再通过。

【答案】

①左思右想　②左躲右闪　③左挑右选　④左邻右里　⑤左看右看